保護者対応の言いかえ図鑑

三好真史 著

東洋館出版社

はじめに

「保護者対応が、よくわからない」

「保護者が無理難題を押しつけてきて困っている」

「保護者が高圧的で、言葉を返せない……」


若手教師の増加に伴い、このような悩みを耳にすることが多くなりました。保護者の価値観が多様化し、学校に理不尽なクレームや、非常識な注文がつけられるようになりました。

多くの教師が、保護者対応に疲弊してしまって、大きなストレスを抱えています。

保護者への伝え方を失敗すれば、それが何ヶ月にも及ぶトラブルへと発展してしまいます。

教師の本分である学級経営や授業づくりに、負の影響を及ぼしてしまうこともあります。

一方で、伝え方を成功させれば、保護者は学校や教師のよきパートナーになってくれます。

信頼関係を築くことさえできれば、子どもの教育にもよい効果をもたらしてくれるのです。

そう考えれば、保護者対応は、学校教育の中心ではないけれども、大きな部分を占めているといえるでしょう。

ただし、保護者対応は、経験年数を積めば自然と上手になるようなものではありません。保護者にはどんな人がいて、どのような考えをもっているのかを、あらかじめ予測しておき、トラブルにならない方法を選択したり、事前に対策を練ったりしておくことが大切なのです。

保護者が学校に対して苦情や要求をすること自体は問題ではありません。

学校が、苦情や要求に対して真摯に対応し、保護者の真意を知るのは必要なことです。そのうえで、不法・不当な要求に対しては毅然とした姿勢で対処することが求められます。ふと言ってしまうその一言を、よりよく言いかえることで、教師と保護者の関係性がガラリと変わります。保護者を「モンスター」としてではなく、よりよき「パートナー」にすることができるのです。

子どもたちを健全に育てていくためにも、保護者が何を考えて、何を望んでいるのかをしっかり受け止めて、本質を見抜き、言葉を伝えていきましょう。

目次

第2章 参観日・保護者会 33

第3章 懇談会

第5章 クレーム 105

第6章 トラブル　129

イラスト●パント大吉

第1章

連絡

持ち物がなくなったとき

なくし物は
学級全体で探す

子どもたちは、必要なときになって、物をなくしたことに気づきます。そして、困って相談にやって来ます。

教師のもとには、なくし物の連絡がたくさん入ります。だから、つい「自分で探しなさい」「家を確認してきなさい」というように対応してしまいがちです。

しかし、家に帰って、子どもが保護者に教師の対応を伝えたとすれば、どうでしょうか。子どもから「先生に言ったんだけど、一緒に探してくれなかったんだ……」と聞くと、保護者は「学校は誠実に対応してくれていない」と感じることでしょう。

そこで、なくし物があった場合には、学級のみんなで探すようにします。

まずは、子ども自身に探させます。見つからなければ、教師も一緒になって、子どもの身の回りを探します。それでも見つからなければ、学級全体へと呼びかけます。

「○○さんのノートが見つからないそうです。全員、机の中を確認してください」

時間にして、3〜5分間程度です。見つかろうと見つかるまいと、この対応をしたという事実が重要です。「学級全体で探しました」という事実を聞けば、保護者の側も納得してくれます。

物品は保護者の購入物であり、学校管理下における案件です。物の紛失には、具体的な行動で誠実に対応しましょう。

プリントが
届いていなかったとき

学校の落ち度を詫びる

校外学習や発表会など、行事の前には、配布物で保護者に連絡が届けられます。このような配布物は、少なくとも1週間よりも前に、保護者の方へと配布されるのが一般的です。

しかし、行事直前になり、「プリントを受け取っていないのですが」と連絡が入ることがあります。大抵の場合、子どもが配布物を持ったままで渡しておらず、届いていないのです。

そんなとき、教師としては、きちんと渡しているわけですから、「1週間前に配布しましたよ」と否定したくなるものです。**もちろん、事実を伝えることは大切なのですが、「届けられなかった」ということもまた事実ですので、一言詫びるのが丁寧です。**

「そのプリントは、○日に配布しています。おうちの方のもとへ、届いていなかったのですね。こちらでも確認できておらず、すみません。明日、新しいプリントを渡しておきますので、おうちでも確認してください」

少なくとも、このご時世、メール配信などで伝える手段もありながら、プリント配布という手段を用いており、そのうえで連絡を届けられていないのは、学校側の落ち度でもあります。

保護者が「自分と子どものせいなのに、勘違いしてしまい申し訳なかった」と感じてくれるように、柔らかな言葉で伝えましょう。ただし、翌日子どもに会う機会では、連絡が伝わらないことにより周囲が困るのだということを指導しましょう。

子どもの忘れ物が続くとき

子どもの困りを伝える

リコーダーや絵の具セットなど、学校で使用するものを持って来ない子どもがいます。学校で貸し出せるものであればまだよいのですが、そうでない場合には、自習させるしかなくなってしまうため、学習活動が進みません。

忘れ物が続くようであれば、保護者へと連絡を入れる必要があります。

そこで考えたいのは、誰にとっての「困り」なのか、ということです。

忘れ物があれば、まず教師が困ります。考えていた通りの授業案で進められないからです。しかし、その思いは一旦外に置いておきましょう。教師が困っていることは、保護者にとって関心の外のことだからです。

教育活動を進めるなかで、誰よりも困っているのは、子ども自身です。

子どもが学習を受けられなくなってしまう、そのことこそが一番の困りであり、最も問題な点なのです。このことを、保護者に伝えられるようにしましょう。あくまでも、「子どものために、忘れ物をなくすのに協力してほしい」という趣旨で連絡を入れるようにするのです。

あまりにも忘れ物が多く続くような場合には、保護者に連絡して、しばらく一緒に学校の用意をしてもらうようにします。たとえば、1週間や2週間など、期間を決めて取り組んでもらうようにしましょう。

取り合ってもらえないとき

協力をお願いする

子どもが1人で身の回りのことをできていないにもかかわらず、「子どもの自主性を尊重している」と主張する保護者がいます。

たとえば、持ち物を持って来ないようなときに連絡すると、「本人に任せていますので、本人に言うようにしてください」と返してくることがあります。多くの場合、子どもが自立できているという認識であったり、忙しくて手が回らない状況であったりすることが考えられます。

そういう場合は、次のように伝えましょう。

「今のお子さんは、まだ持ち物をそろえることができていない状態です。子どもだけでできるようになるためには、少し手間がかかりますが、一緒に学習道具をそろえたり、忘れ物がないか確認したりして、少しずつ手を離していくという方法が効果的です。お手数をおかけしますけれども、ご協力願えますでしょうか」

このように、お願いする形で投げかけてみましょう。保護者は保護者で、手の離し方がわからずにいるのです。自分なりのやり方でやって、うまくいっていないことを指摘されてしまうと、言い方によってはいらだってしまいます。だからこそ、お願いの言い方にするのです。

一度で伝わるとは、なかなか考えにくいものです。丁寧に根気強く何度も伝えていくようにしましょう。

協力を受け入れてもらえないとき

伝え方に心配りをする

忘れ物があまりにも多い場合などには、家庭に連絡して、協力を仰ぐことが必要です。

しかし、電話をしたとき、単刀直入に「最近忘れ物が多いので見てあげてもらえますか」などというのは、あまりよくありません。

保護者の側からしてみれば、突然学校から電話がかかってきて、子どもの悪い点をあげつらわれるわけですから、不快に感じられてしまいます。それでは信頼が得られないのです。

そこで、電話のはじめは、子どもの成長している点を伝えるようにします。

「いま、お時間よろしいでしょうか。最近〇〇くんは、算数の授業中の発表をよくがんばっていますよ。先日も、〇〇という意見を伝えていました。ところで、最近気になることがあるのですが……」

このようにして、**よい点を前置きとして伝えたうえで本題を切り出します。**具体的な例を挙げれば、お世辞のようにもなりません。

保護者は、学校からの連絡があると、「何か悪いことがあったのではないか」と身構えてしまうものです。こちらからの押しつけにならないように、伝え方に配慮しましょう。

ただし、これは問題の度合いにもよります。たとえば、いじめをしたとか、ほかの子どもを傷つけてしまったような重大な問題の場合には、このような前置きは不要です。

安静にさせなければいけないとき

ケガや病気への対応は厳重に行う

保護者からの連絡を受けて、子どもを安静にさせなければならないことがあります。

たとえば、習い事のサッカーで足をケガしてしまったなどの場合があります。

保護者からは「3ヶ月は運動をさせないでほしい。体育は見学で、休み時間も遊びに出ないように見てほしい」と連絡がきます。

子ども本人も、安静にすることについて理解しています。しかし、そういう子どもに限って、運動が大好きなものですから、外で走り回ろうとしてしまいがちなものです。

子どもは「もう治っているんだよ！」などと強気に出るかもしれません。

様子を見る限りでは、動けているものですから、「まあ少しくらいいいか……」と思えてくるかもしれません。

でも、心を鬼にしましょう。教師は、かたくなに制止すべきです。

「お母さんから、3ヶ月は安静と聞いています」というようにして、子どもの行動を抑えましょう。**ときには反抗することもあるでしょうけれども、保護者との約束が最優先です。**

子どもは、ケガの程度などお構いなしに、遊びたくなるものです。保護者の目の行き届かない学校では、教師が歯止めの役割を担わなくてはなりません。

すべての時間に目配りをするのは難しいものですが、できる限りやりきりましょう。

子どもがケガしたとき

身体のケガは
必ず連絡する

子どもの活動には、ケガがつきものです。切り傷や擦り傷など、何かしらのケガをしてしまうもの。特に小学校低学年〜中学年あたりは、友達との接触が多く、転びやすいために、ケガが頻発します。

教師からしてみれば、取るに足らないケガのように思えたとしても、保護者はそうは捉えません。何も連絡がなければ、「うちの子がケガをしているのに連絡して来ないなんて、どういうことだ」と不信感を抱くかもしれません。

子どもがケガを見せに来たら、小さなケガであったとしても、必ず状況を把握しておきましょう。ケガの様子を見て、消毒やアイシングなどの対応をします。自分でできそうであれば、自分で処置をさせるようにします。状態が悪ければ、保健室で対応してもらいましょう。

ケガが起こった場合には、程度に応じて連絡帳やメール、電話連絡をします。「○○という状況でケガをしたので、○○という対応をしました。お家でも引き続き様子を見てあげてください」という内容で報告します。

特に、首から上のケガに関しては重大です。頭に影響があれば命にも関わりますし、顔のケガは程度が軽くても大変なことです。首から上のケガに関しては、できるだけ早く電話連絡をするのが基本です。

対応を求められるとき

即時対応を心がける

「ノートが見当たらないようです」「○○ちゃんと、うまくいっていないようです」「勉強が遅れているようです」など、教師に対して何かしらの対応を求める連絡が入ることがあります。

そういうときには、即時対応を心がけましょう。

もちろん、すべての問題が、即時解決できるものばかりではありません。しかし、やれるものは、できるだけ早く対応するのです。

教師の仕事は多忙ですから、「後でやろう」と考えてしまうものです。しかし、対応までに1週間や2週間の時間が空いてしまうと、保護者はその間に不信感を抱いてしまいます。「先生は『すぐに考えます』って言っていたけど、本当に考えているのかな。口だけじゃないのか？」というように、疑念が湧いてくるのです。

小さな問題は、すぐに実行すれば解決できるけれども、後回しにすると、大きな課題になることがあります。思い出して実行するのも一手間かかってしまいます。だから、保護者からの要望があれば、できる限り早く応じるのが得策なのです。

返答できないような場合であれば、すぐに管理職に連絡を入れて、策を練ります。そのうえで、翌朝に「昨日ご連絡いただいた件についてですが……」と、一報入れればよいのです。

すばやい対応によって、教師の情熱が伝わり、それが信頼関係を深めることへつながります。

物を持ってこさせたいとき

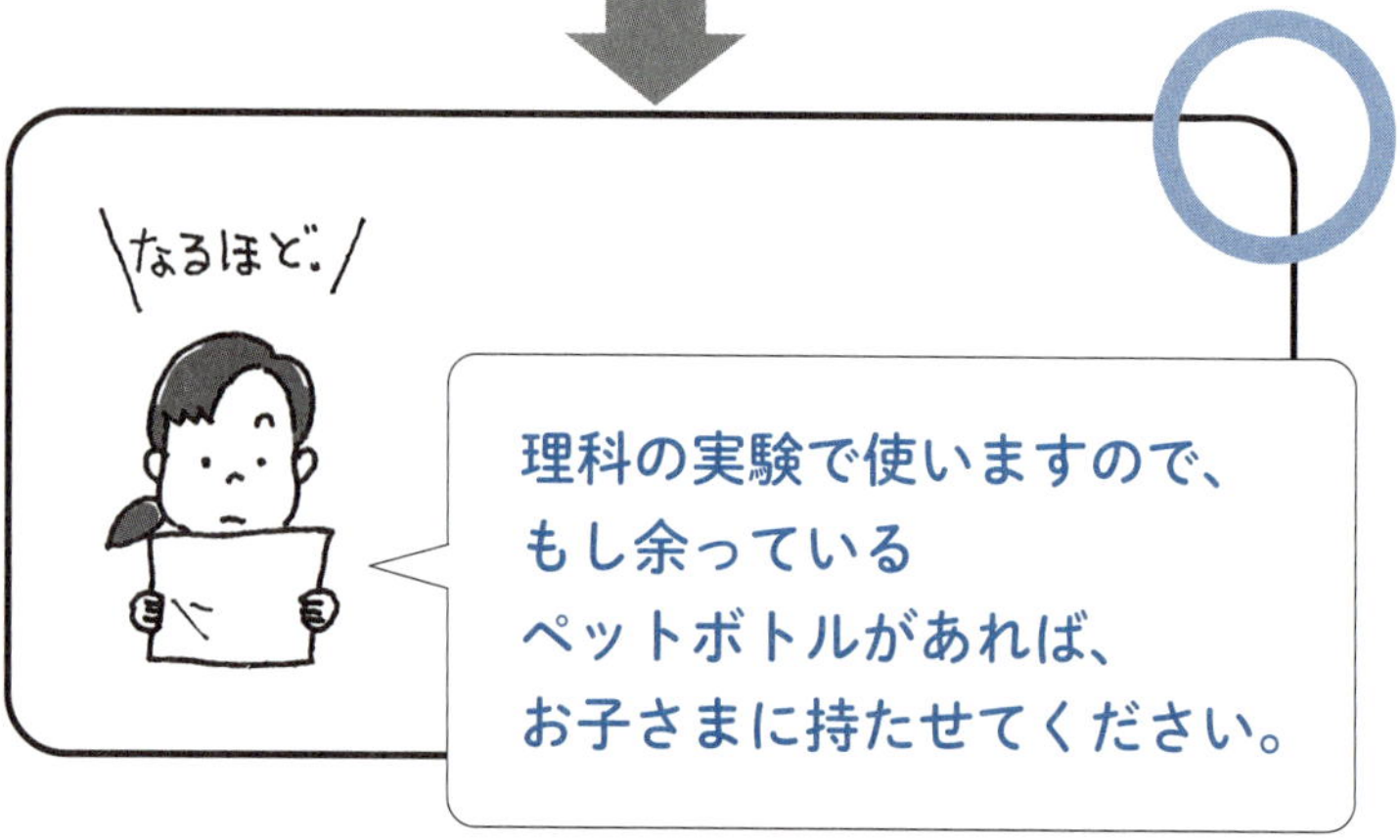

持ち物の連絡は直接伝える

子どもから保護者への伝言は、とにかく「正確には伝わらないもの」ととらえておきましょう。

たとえば、ある日の帰りの時間に、教師が子どもたちへ「明日は、ペットボトルを持ってきましょう。あと数本あれば足りるので、もし家にあれば、で構いませんよ」と伝えたとします。この「ペットボトルを持参する」という連絡は、1ヶ月前から口頭で伝えていたものです。

子どもが家に帰ると、「先生が、明日ペットボトル持ってきてって言っていたよ」と保護者に言ってしまいます。保護者にしては初耳なものですから、びっくりしてしまいます。連絡帳を見てみれば、たしかに『持ち物　ペットボトル』と書かれています。すると、保護者としても、「突然すぎる！　もっと早く言ってくれないと！」と思うことでしょう。保護者同士の連絡網で、「一体どういうことなのか」という相談が始まることもあり得ます。**このように、「教師→子ども→保護者」の伝言ゲームは、まず間違いなく正確にはいかないのです。**

そこで、持ち物に関するお願いがある場合には、「教師→保護者」というように、直接伝えるようにします。

その媒体は、手紙かメールです。何の用途なのか、必須なのか任意なのか、どれくらいの数が必要なのかなど、できるだけ詳しく書き記しておくようにします。そうすれば、勘違いのズレは生じなくなることでしょう。

連絡帳に複雑な問題が書かれているとき

本日お話を聞きましたが、どうやら勘違いだったようです。
友達に無視されているようです。

本日、あらためてお電話させていただきます。
友達に無視されているようです。

デリケートな内容は紙面に残さない

複雑な問題や、教師に対する苦情など、デリケートな内容を連絡帳で伝えてくる保護者がいます。連絡帳で伝えられたからといって、そのまま連絡帳上でやりとりを続けてしまうと、2つの問題があります。

第一に、跡が残るということです。連絡帳は継続して使うものです。もしも教師と保護者のやりとりがこじれた場合、連絡帳に跡が残ってしまいます。子どもにとって、気持ちのよいものではありません。

そして第二に、紙面上のやりとりでは、誤解を生む場合があるということです。たとえば、「友達に無視されているようです。話を聞いてあげてもらえますでしょうか」などの相談が入ったとします。友達とのすれ違いだったために、「勘違いだったようです」と返してしまえば、それが事実だとしても、どこか不誠実な対応と感じさせてしまいかねません。文面上の言葉は、伝え手が伝えたいニュアンスとちがう受け取り方をさせてしまう恐れがあるのです。

そこで、「本日、あらためてお電話させていただきます」と書いておき、電話上で、聞き取った内容を詳しく述べるようにします。電話上の言葉であれば、ニュアンスのズレは生じにくいのです。連絡帳のように、跡にも残ることがありません。

連絡帳上で返すのは、すぐに解決できるような些細な問題だけにしましょう。

コラム

教師と保護者の関係って？

私たち教師は、保護者と連携をはかって教育活動をすすめます。教師と保護者というのは、どのような関係なのか？　ここを捉え違えてしまうと、教育活動に負の影響を及ぼしかねないので、ハッキリさせておきましょう。

教師とよく似た仕事に、塾講師があります。塾はサービス業で、子どもに勉強を教えます。塾の場合であれば、金銭を支払うのは保護者ですから、保護者の望むサービスを提供します。顧客とサービス提供者の関係ということになります。

では、学校も同じでしょうか。特に公立学校では、直接保護者が学校にお金を支払っているわけではありません。学校教育のための金銭は、税金によってまかなわれています。だから、教師という仕事は、どちらかといえば、自治体や国に対してサービスを提供するという側面があります。つまり、金銭を支払っているのは自治体や国であり、よい教育を子どもに与えていくことが求められているということになります。そうなると、教師と保護者は、サービス業での関係ではなく、ともに「協力者」

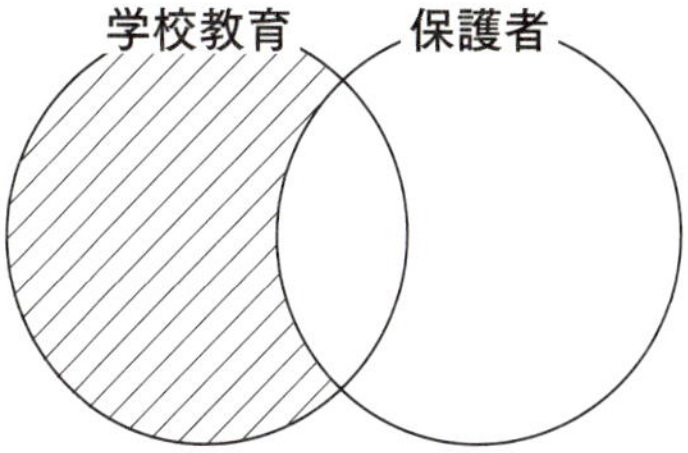

学校教育は、ときには保護者が求めない
ことであったとしても、理解を求めながらやって
いかなくてはならないこともある

ということになります。つまり、子どもによい教育を施していくために、ともに協力する仲間のような存在といえます。

保護者の求める教育を実施することは、もちろんあってよいのです。しかし、ときには保護者が求めていないことであったとしても、保護者の理解を求めながら、やっていかなくてはならないこともあります。だから、保護者に対してご機嫌を伺うようなことはしなくてよいのです。おもねるような行為は必要ありません。ただ、子どもの教育をよりよいものにするためには、できるだけ関係は良好なほうがよい、ということです。最悪の場合、保護者から嫌われてしまって、関係が結べなかったとしても、子どもと教師との関係が良好で、よい教育ができているのであれば、それはそれでよいということになります。

教師と保護者は、顧客とサービス提供者の関係でなく、共に子どもを育てる仲間です。そう捉えてみれば、接し方や言葉の選び方も変わってくるのではないでしょうか。

第2章

参観日・保護者会

授業参観でがんばりを見てもらいたいとき

参観日は、発問の難易度を下げる

参観日の親は、何を見に来ているのでしょうか。それはズバリ、我が子です。

たとえば教師が、最先端の授業実践をやったとします。もしも研究授業であれば、「この授業実践はスゴイ！」とほめられる授業かもしれません。

しかし、参観日では、保護者が見ているのは「我が子」です。我が子が、挙手発言を一度もせずに、ジッと座っているだけならば、「なんだ、うちの子ががんばれていない。よくない授業だ」と思ってしまうことになります。**研究授業と参観日は求められているものがちがうのです。まず、このことを押さえておかなくてはなりません。**

目標とすべきは「全員が1回は発表できるような授業づくり」です。参観日では、内容というよりも、子ども個人の姿こそが重要といえます。

参観日には、できるだけ簡単な発問を多く用いるようにしましょう。たとえば、国語の物語文であれば、「このお話の作者は誰ですか？」というくらいに、誰でも答えられるような簡単な発問を多く取り入れていきます。「参観日だから高尚な授業をやろう」ではなくて、「参観日だから、易しい授業をやろう」という方が、子どももがんばる姿を発揮できるのです。

子どもが手を挙げている姿が見られれば、保護者は安心してくれます。参観日では、発問の難易度をやや下げることを意識してみましょう。

徒競走の結果に
文句を言うとき

活動の目的を伝える

自己主張の強い保護者の中には、学校行事の結果に文句をつけてくる人がいます。

たとえば、体育大会の徒競走では、6人くらいが同時に走るので、その順位はつけがたいこともあるのですが、保護者がその結果にクレームをつけてくることがあるのです。「録画した動画では、確実にわが子が1位だ！　順位を入れ替えてほしい」というようなものです。

このようなクレームに対して迎合して対応してしまうと、ほかの保護者もクレームをつけてくる可能性があります。「あの家はクレームをつけて1位にしてもらえたらしい、だったらウチも言いに行こう」となってしまうわけです。**「そもそも」に立ち返って、活動の教育的意味について説明する必要があります。**次のように伝えてみましょう。

「徒競走は、目安のために順位をつけていますが、本来的には、他者と競争して勝つことを目的としてやっているわけではありません。**1位であろうと、6位であろうと、最後まで一生懸命走りきることを目的として行っています。**判定の者も、よく見た結果でそう判断したわけですから、これを覆すことはできません。ですから、○○さんは今回2位という結果になりましたが、これを次へのステップにつなげてほしいと願っております」

担任からの説明で納得できないような場合には、体育主任や管理職などから伝えてもらうようにしましょう。

保護者の私語が騒がしいとき

保護者を授業に巻き込んでいく

授業参観なのにもかかわらず、保護者が私語をやめない場合があります。

廊下でワイワイ、ガヤガヤと話されてしまうと、授業ができたものではありません。つい子どもに言うように、「静かにしてください！」と言いたくなってしまいます。

しかし、相手は大人ですから、ストレートな言い方は失礼です。

そこで、廊下へ出て、次のように伝えてみましょう。

「本日はご参観いただきまして、ありがとうございます！　教室にはまだ空きがあります！　どうぞ中でご覧ください！」

このように、注意ではなくお知らせを伝えるのです。突然の教師の大きな声に、保護者は驚き、いったん私語をやめます。そうなれば、しめたもの。**教室に空きがあるのは事実ですから、私語を注意せずに、私語をやめさせることに成功したわけです。**

授業の内容でも、できるだけ保護者の方にも参加してもらえるようにするとよいでしょう。

「保護者のみなさん、お子さまのノートを見てあげてください」

「保護者の方から、感想をいただきましょう」

こうして保護者を巻き込む形にしてしまえば、騒がしいのも気にならなくなります。保護者の勢いを利用できるように、授業そのものを工夫してみましょう。

はじめのあいさつをするとき

事前練習をして
堂々とふるまう

4月の保護者会には、多くの保護者が訪れます。新任や、転勤したての先生のもとには、特に多く集まるもの。これは、「どんな先生なのだろう？」という保護者の期待の表れともいえます。一番はじめの保護者会は、「教師を知るためにある」といっても過言ではありません。

この1回目で、よい印象を与えられるか、悪い印象にしてしまうかで、その後の学級経営のあり方は大きく変わります。できるだけよい印象にしたいところです。

とはいえ、「私は、口下手で……」「人見知りだから、緊張しちゃう……」という人もいることでしょう。

そこで大切なのが、事前練習です。**慣れないうちは、読み上げるための台本をつくりましょう。それを、何回も何回も読んでみて、見ずに言えるようになるまで練習しましょう。**1〜2分程度で自己紹介ができるようにします。鏡を見たり、録画したりして、客観的な自分の姿を確認します。堂々と話せるようになるまで、何度も繰り返し練習します。ボソボソとならないように、少しだけ高めの声で。さらに、胸をはり、堂々とふるまうことです。

自分に自信がなくてもいいのです。大事なのは、自信があるかのようにふるまって、保護者に安心してもらうことです。「この先生に任せておけば大丈夫そうだ」と思ってもらえるようにしたいですね。

兄弟姉妹で
保護者会が重なってしまうとき

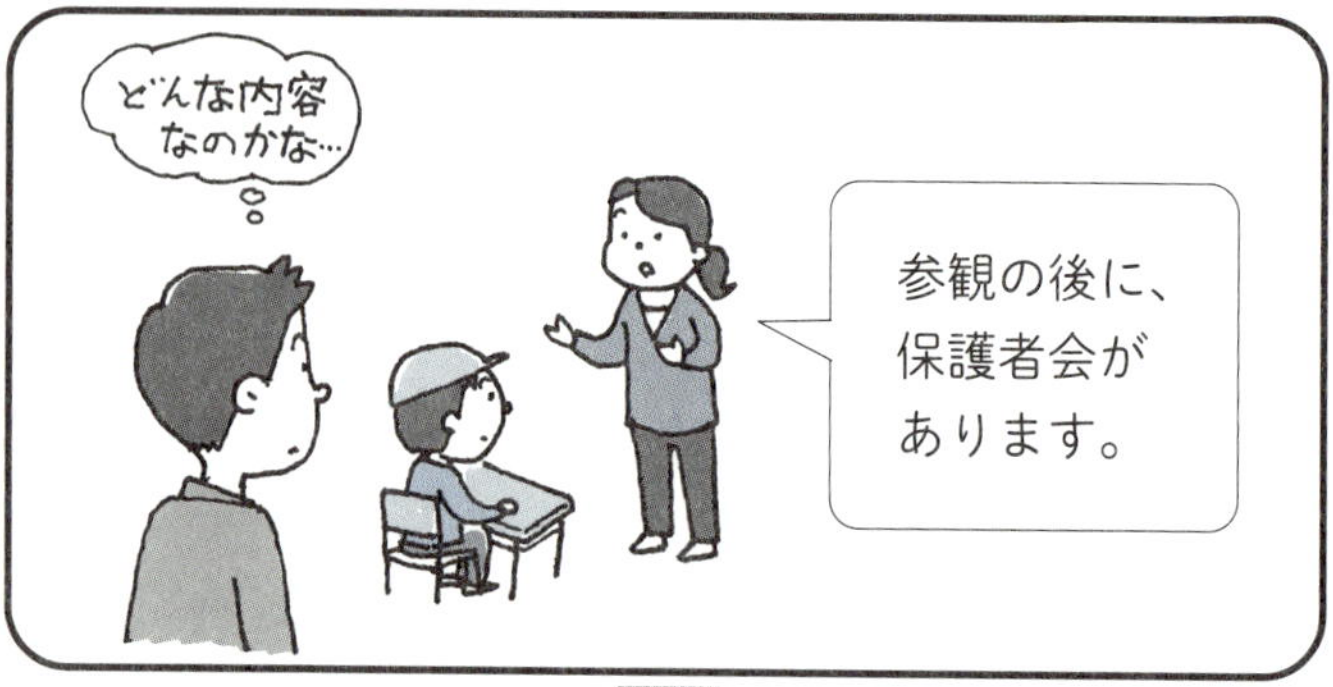

流れを事前に伝えておく

兄弟姉妹がいる保護者は、保護者会に参加したいと考えても、どちらかを優先しなくてはなりません。そうなると、「話の大事な部分だけでも参加したい」と考えるものです。

しかし、保護者会の内容がわからなければ、そうすることができません。

そこで、保護者会の内容は事前に保護者へとお知らせしておきましょう。 たとえば、学級通信を発行しているのであれば、あらかじめ次のようにお知らせしておきます。

「来週の保護者会は次の順序で行います。①担任の自己紹介 ②参加者の自己紹介 ③学級の様子について ④○年生の行事について ⑤情報交換会。途中参加、途中退出は可能です」

さらに、保護者会の内容は、保護者会が始まる直前にも、黒板に書き出しておきます。模造紙に拡大したり、スライドを映し出したりするような方法でもよいでしょう。具体的な時間も決められるようであれば、書き出しておくと、より丁寧です。

このような準備があれば、保護者は、時間を見て保護者会に参加することができます。どちらかに参加して、その後に抜けて、もう一方に参加することができます。また、段取りよく進めるように感じられるため、好印象をもってもらうことができます。さらに、教師自身も、議題が示されているため、それを見ながら話を進めることができて便利です。

保護者が事前に内容を知り、重要な箇所へと参加できるように配慮しましょう。

保護者会に
人が集まらないとき

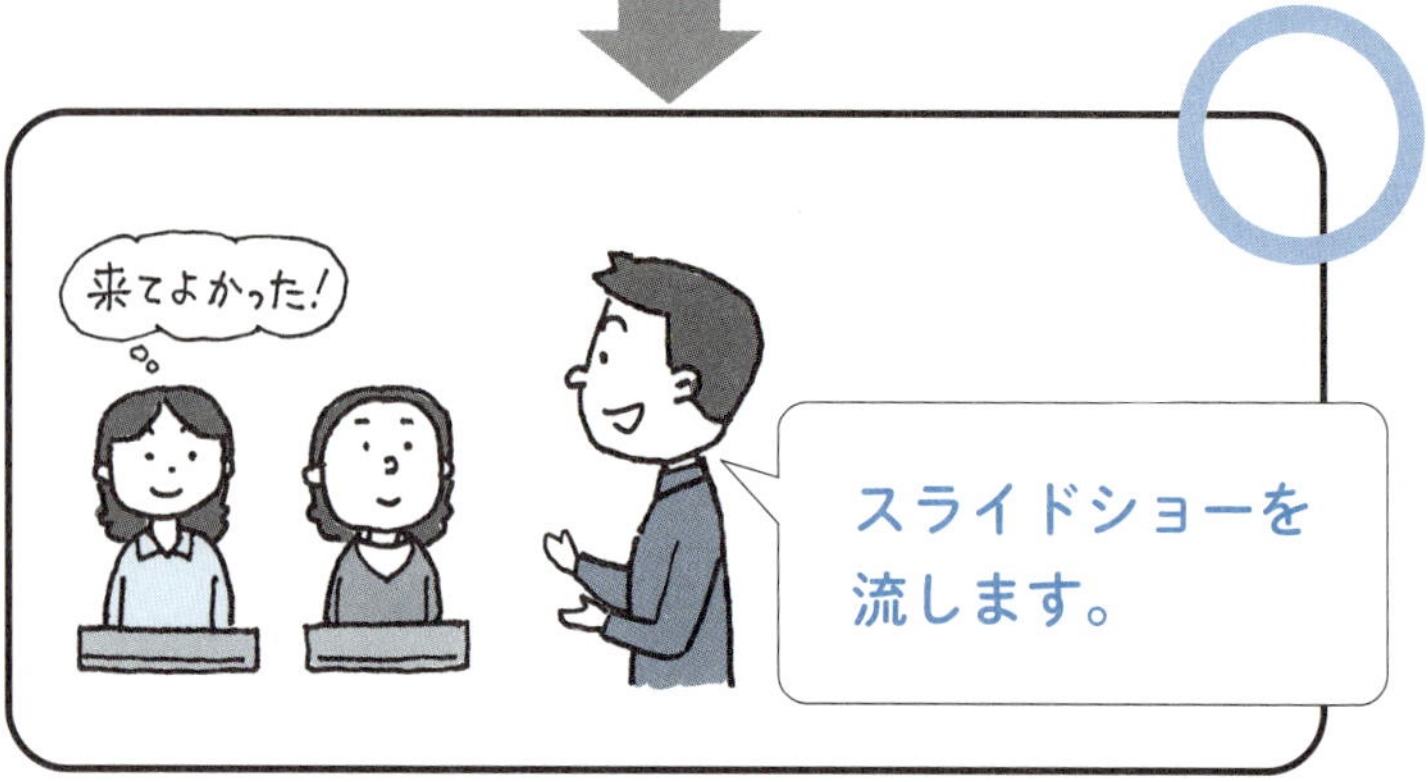

保護者の「得」を考える

「保護者会に人が集まらない。隣のクラスは、大人数なのに……」

保護者会の参加人数が少ないことを、悲観的にとらえてしまう教師もいることでしょう。そもそも保護者会に人が集まらないというのは、とらえ方によっては保護者の「安心感の表れ」かもしれません。「あの先生に任せておけば大丈夫」と安心してくれていれば、保護者会の参加人数が減ることはあり得ます。しかし、もしも保護者が集まらなくて困っているのであれば、保護者にとっての損得を考えてみましょう。

たとえば、保護者会に参加したけれども、強制的にしゃべらされたとか、延々と教師の話を聞くだけだったとか、そういう体験しかできないのであれば、それは保護者にとって損の経験になります。すると、「次回からは保護者会に参加しないでおこう」と感じさせてしまいます。

そうならないようにするために、保護者にとっての得な体験をつくってみましょう。たとえば、次のような連絡をしてみると、どうでしょうか。

「次回の保護者会では、1年間に撮りためた写真をスライドショーにして流します。ＢＧＭは、音楽の時間に演奏した合奏です。どうぞ、子どもたちの成長ぶりをご覧ください」

このようなイベントがあって、写真や音楽を視聴できれば、保護者にとって得の経験になります。何が保護者にとって得の経験になるのか、考えて準備してみましょう。

教師からの一方的な話になってしまうとき

情報交換の場をつくる

懇談会の場に、保護者は何を求めてやってくるでしょうか。

「先生が、どんな人なのか知りたい」とか「学級の様子を教えてほしい」という考えはあることでしょう。さらにそれに加えて、**「ほかの保護者とつながりたい」**という思いが考えられます。たとえば、引っ越してきたばかりの保護者は、ほかの保護者とのつながりがないことがあります。保護者会をきっかけにして、関係づくりをしたいと考えているわけです。

そこで、「お悩み相談会」の時間をつくりましょう。子育てに関して、悩んでいることを共有して、対応策をシェアするのです。

保護者からは、「門限は何時にしていますか」「どうやって宿題をやらせていますか」「遊びに来た子どもが遅くなってもなかなか帰ってくれないときに、どうしていますか」など、様々な思いが出されることでしょう。みんな悩むことは大体同じであり、それぞれ何らかの対応をしているわけで、話し合いは活発なものになります。

教師は、「なるほど」「そうなんですね」「ほかの方はどうしておられますか?」と、聞き役・つなげ役に徹します。まるで授業のようなイメージで、保護者同士の考えをつなげていきます。うまくいけば、帰りには連絡先を交換するような姿も見られることでしょう。

情報交換の時間を適切に設けて、保護者同士のつながりをつくりましょう。

悩み相談が
うまく始められないとき

話のきっかけをつくる

先述の通り、懇談会では、保護者間での情報共有の時間を取ることが望ましいものです。しかし、自由に意見を求めても、緊張してしまって、会話の糸口が見つからないことがあります。

そこで、事前に行っている「子どもへのアンケート結果」を公表してみましょう。

「月のお小遣いは、いくらですか？」「門限は何時ですか？」

「おうちの人によく叱られますか？」「おうちの人によくほめられますか？」

「家の人に言われて嬉しい言葉は何ですか？」

「習い事を、いくつしていますか？」「おうちの人と話す時間は何分間ですか？」

このようなアンケート結果を数値化もしくはグラフ化して発表します。

その後に、悩み相談の時間を設定すれば、「お小遣い、みなさんそんなに多くあげているのですね」とか、「うちは、門限を6時にしていたのですが、もう少し早くしないと……」などというように、見て感じることがあるはずです。

学級通信を発行しているのであれば、保護者向けのアンケートというのも有効です。「子育ての悩みについて」というテーマで自由に書いてもらえば、それを議題にすることができます。

アンケートは、Googleフォームなどの機能を用いれば、簡単に作成できます。プリントで配布する場合には、個人情報を含むものなので、保護者会の終わりには回収しましょう。

保護者会が活性化しないとき

4人以下で会話する

よくある保護者会の形態は、机をコの字型やロの字型にして、全員で話し合うものです。あるテーマに沿って1人ずつ話していくことになります。ただ、あまりにも多い人数が集まったときに、それでは盛り上がりに欠けてしまいます。

人は、7人以上のグループになるとき、そこでの話は会話ではなく、スピーチになると言われています。保護者は、「何を話すべきだろうか」で頭がいっぱいになってしまって、ほかの人の話を聞く余裕がありません。結果として、「こんな保護者会なら参加しなければよかった……」と感じさせてしまうことになります。

保護者会は、保護者同士のつながりを生み出すことができます。できるだけ濃密な情報交換をしてもらうことにこそ価値があります。**自由に意見交換してもらうために、心理的な負荷を軽くしなければなりません。**

したがって、話し合いは小グループにするのがよいでしょう。机の形は4人班にします。はじめは全体で議題を共有し、それから小グループにして、その中でテーマに沿って話し合いをします。できるだけ、1人ずつ順番に話してもらって、話す人が偏らないようにします。「議題の共有→グループでの話し合い→全体で意見交換」というような流れで進めていきます。全員に話す機会が保障されれば、活気のある保護者会になることでしょう。

保護者会が終わったとき

相談できるように待つ

保護者会が終われば、教師はホッとします。しかし、教師にはまだ残された仕事があります。それは、保護者の相談を受けるというものです。

何もない保護者は、終わると同時にサッと帰ってしまいます。何人かの保護者は、教室に残っています。おしゃべりをしたり、教室の掲示物を見たりしています。その残っている保護者の中には、教師の様子をチラチラと伺う人もいます。子どものことについて相談したくて、タイミングをはかっているのです。**この保護者の「相談したい」気持ちを見逃さないようにします。そして、相談できるようにするためには、教室で待つ必要があります。**

相談しやすいようにするために、保護者会の終わりに、一言伝えるとよいでしょう。

「保護者会を終わります。私はまだ残っていますので、何かあればお声かけください」

それで、教室の机で事務処理をするような様子を見せて、話しかけてもらうのを待ちましょう。話したそうな様子が見られるようであれば、こちらから話しかけてもよいでしょう。

保護者にしてみれば、先生に相談できる機会というは、年間で数回しかありません。「わざわざ電話をかけるほどではないけれども、できるだけ早いうちに相談したい」という案件は、ままあるものです。保護者会の後に、ゆったりとした雰囲気を装って、個別相談の時間を設けましょう。

コラム

ケガ対応の流れ

〝大きな〟ケガが起こるようなトラブルが発生した場合は、その事後対応によって、思わぬところで長引いて、いつまでもクレームが続くことがあります。初期対応が非常に重要です。

次のような流れで対応することを推奨します。

①状況の確認

たとえば、おにごっこをしていて、衝突してケガをした場合があったとします。

まずは、ケガの手当を十分にしましょう。このとき、本人や周りに聞き取って、状況や事実関係をはっきりさせておきます。このとき、ケガの状況を管理職にも報告しておく方がよいでしょう。頭部のケガでない限り、病院へ行くかどうかの判断は、保護者に委ねましょう。

②ケガをした子どもの家庭への連絡
ケガをしてしまった子どもの保護者には、事実を正確に伝えます。

「Aさんがケガをしたので、ご連絡差し上げました。2時間目と3時間目の間の15分休みに、Aさんがクラスの友達と鬼ごっこをしていて、走って逃げているときに、クラスのBさんとぶつかって転びました。このとき、足をくじいてしまったようで、痛いと言っています。氷で冷やしていますが、今のところ、大きな腫れは見られない状況です。病院に行くかどうかは、判断しかねる状況ですが、このまま学校で様子を見ましょうか。それとも、病院へ行きましょうか。（確認後）ぶつかったBさんは、何回も謝っていて、一緒に保健室まで連れてきてくれていました。Bさんの保護者には、私の方から状況をお伝えしておきます」

③ケガをさせてしまった子どもの家庭への連絡
ケガをさせてしまった子どもの保護者には、ケガをさせてしまった事実を連絡します。どんな理由があるにせよ、ケガをさせてしまった事実があるために、相手の家に連絡を入れて謝罪してほしい旨を伝えます。

このとき予想されるのは、「ケガをさせたからといって、うちの子どもだけが悪いのですか？」という反発です。偶発的な事故ではない限り、どちらにも多少の非があることが多いものです。「どちらにも非はあるけれども、ケガをさせてしまったので、その点について謝罪をお願いします」という文脈になるように伝えましょう。

「休み時間のことで、お伝えしなければならないことがありまして、ご連絡いたしました。今日、2時間目と3時間目の間の15分休みに、BさんがAさんとぶつかってしまって、Aさんが足をくじいてしまいました。病院に行った結果、軽いねんざだったそうです。Bさんも、『ごめんなさい』と何回も謝っていました。遊びの中のことですし、わざとではないのですが、お母さんの方から一度電話を入れて、ケガの様子を聞いていただけるとありがたいところではありますが……」

直接の連絡をしぶる場合には、「私の方から謝罪の意向をお伝えしておきましょうか？」と確認し、教師が代わりに伝えるようにします。

ケガをさせられたのに、相手の保護者からの連絡もなく、教師からの説明もないとなれば、ケガした側の保護者に不信感を抱かせることになります。この点については、必ず教師が仲介するようにしましょう。

第3章

懇談会

クラスの子どもを批判するとき

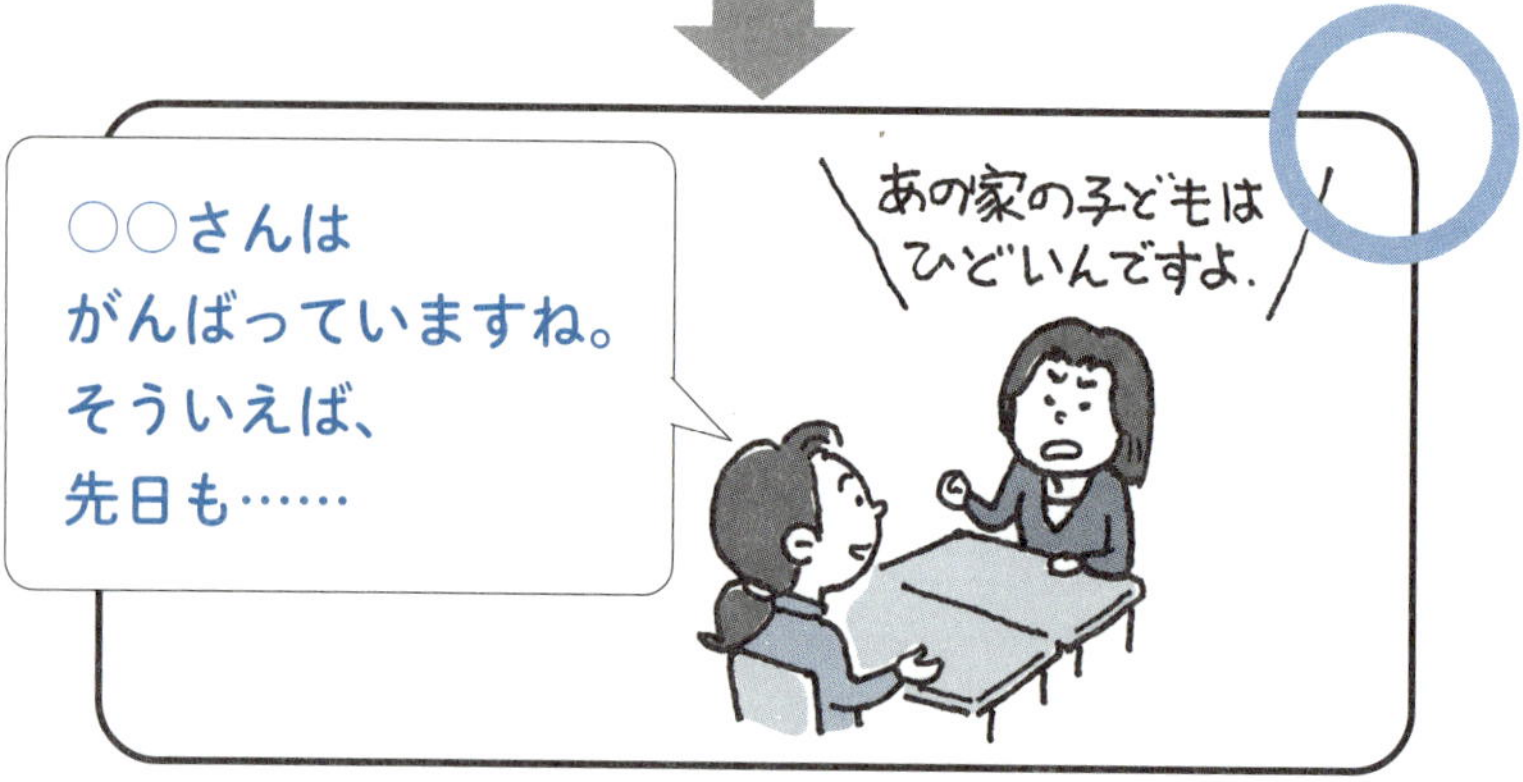

聞き流してちがう話に転じる

子ども同士の行き違いや、保護者同士のトラブルによって、保護者が特定の子どもに対して嫌悪感を抱いているような場合があります。そのような話を聞くときに、教師がどう反応するかについては、注意が必要です。

たとえば、「そうなんですよ！」「あの子は、先日もこんな大変なことがあって……」などと、同調してはなりません。

たしかに、その瞬間は2人だけの会話かもしれませんが、その保護者が「先生もあの子どものことを悪く言っていたよ」と噂を広げたとすれば、後に大きな問題へと発展してしまいます。

とはいえ、「そんなことは、ありません！」などと否定する必要はありません。

保護者にとってみれば、話をしていただけ・聞いてもらいたいだけなので、子どもの悪口が出る場合には、聞くに徹しましょう。そして、**キリのいいところで、保護者の子どもの話に切り替えてしまえばよいのです。**「○○さんはがんばっていますよね！」というようにして、その保護者の子どもが努力しているところや、成長したところなどに焦点を当てることで、会話をポジティブな内容に変化させていきましょう。

公人としての意識をもち、どの子どもにも分け隔てなく公平な態度でいることを忘れないようにしましょう。

友達関係のトラブルがあったとき

見守る意思を伝える

懇談会で、よく話題として出されるのは、友達関係の悩みです。「友達と仲良くできない」「友達に嫌われている気がする」など、子どもは家で悩み相談をしていることがあります。

教師からしてみれば、「あの2人は、学校で仲良くしているのに……」と思えるかもしれません。しかし、「そんな様子は見えませんよ！」「学校では仲良くしていますよ！」「きっと大丈夫ですよ！」などと、軽く答えてしまうのはよくありません。それでは、「先生は真剣に取り合ってくれなかった」と保護者に感じさせてしまうかもしれないのです。

子どもには、子ども同士にしかわからない関係性があります。教師の前でふるまうのは、そのうちの一部でしかありません。だから、軽率に答えないようにしましょう。

この問題の解決策としては、「注意して様子を見ていく」という方法しかありません。「そこの2人、もっと仲良くしなさい！」などと、無理に仲良くさせることは逆効果ですから。

たとえば、グループ学習を組んだり、関わる機会を設定したりして、その中での様子を観察します。その中で、2人でしていた会話や、取り組み方を観察して、「国語の授業で2人組になって話し合い活動で意見交換していた」「体育の授業の後、2人でおんぶしながら教室に帰っていた」など、客観的な事実として記録します。そして、機会を見て電話連絡し（2週間～1ヶ月以内程度）、教師から見た2人の関係性について報告するのがよいでしょう。

学習の遅れを心配するとき

そうですね。
実は、漢字が全然
できていなくて……
勉強の遅れが
心配で…

たしかに漢字のテストは
思わしくなかったですね。
でも、計算は正確で、
はやくできていますよ。
勉強の遅れが
心配で…

できている点を取り上げる

「授業の内容がわかっていない」など、子どもの学習の遅れを心配する保護者がいます。そのような保護者は、「人より遅れているのではないか」と心配して相談してきています。

子どもができているのに保護者が心配している場合は、事実を伝えます。保護者が知りたいのは、「ほかの子どもと比較してどうか」ということなので、ほかの子どもに後れをとることなく勉強についていけていることを事実として伝え、安心してもらうとよいでしょう。

一方で、子どもが実際に勉強に後れをとっている場合には、ほかの子どもとの比較はすべきではありません。**「たしかに、○○のテストは思わしくなかったですね。しかし、○○については、よくできていますよ」というようにして、その子どものできている点、がんばっている点を具体的に伝えるようにします。**

保護者が見ているのは、算数や漢字の宿題の様子が中心になります。それ以外の、学校生活でキラリと光るような様子を伝えて安心してもらいたいところです。そのうえで、学習の心配な点については、**「引き続き学校でも支援を続けていきますので、おうちの方でもフォローしていただけるとありがたいです」**というようにして、協力をお願いします。

苦手なことは、対策したからといって急激に改善されることはありません。着実に進めるしかありません。

家でダラダラしていることに悩んでいるとき

理想的なあり方であると指摘する

学校から帰ると、ダラダラと過ごしてしまう子どもがいます。

「家では何もしなくて……」

「やることが遅くて……」

そんな保護者からの話を受けて、意外に思うこともあります。

このような相談を受けたときには、肯定的に返すのがよいでしょう。

子どもにしてみれば、学校とか習い事などで気を張っています。だから、家に帰ったときには、リラックスしてダラダラしてしまうのです。

ごくまれに、逆になってしまう家庭があります。これは、かなり心配です。

保護者が異常に厳しい場合に起こります。家庭では緊張してしまって、その分、外に出たらリラックスして暴れ回る……。

こうなってしまうと、手の施しようがありません。きわめて不健全な状態といえるでしょう。

だから、外でよい子になって、家庭でだらしなくなるというのは、ある意味健全に育っている証拠ともいえます。家庭が、「心の休憩場所」として正常に機能しているのです。

私たち大人だって、仕事と家庭では、あり方が変わるはずで、それと同じこと。

不安がる保護者がいる場合は、安心してもらうようにしましょう。

親に逆らうとき

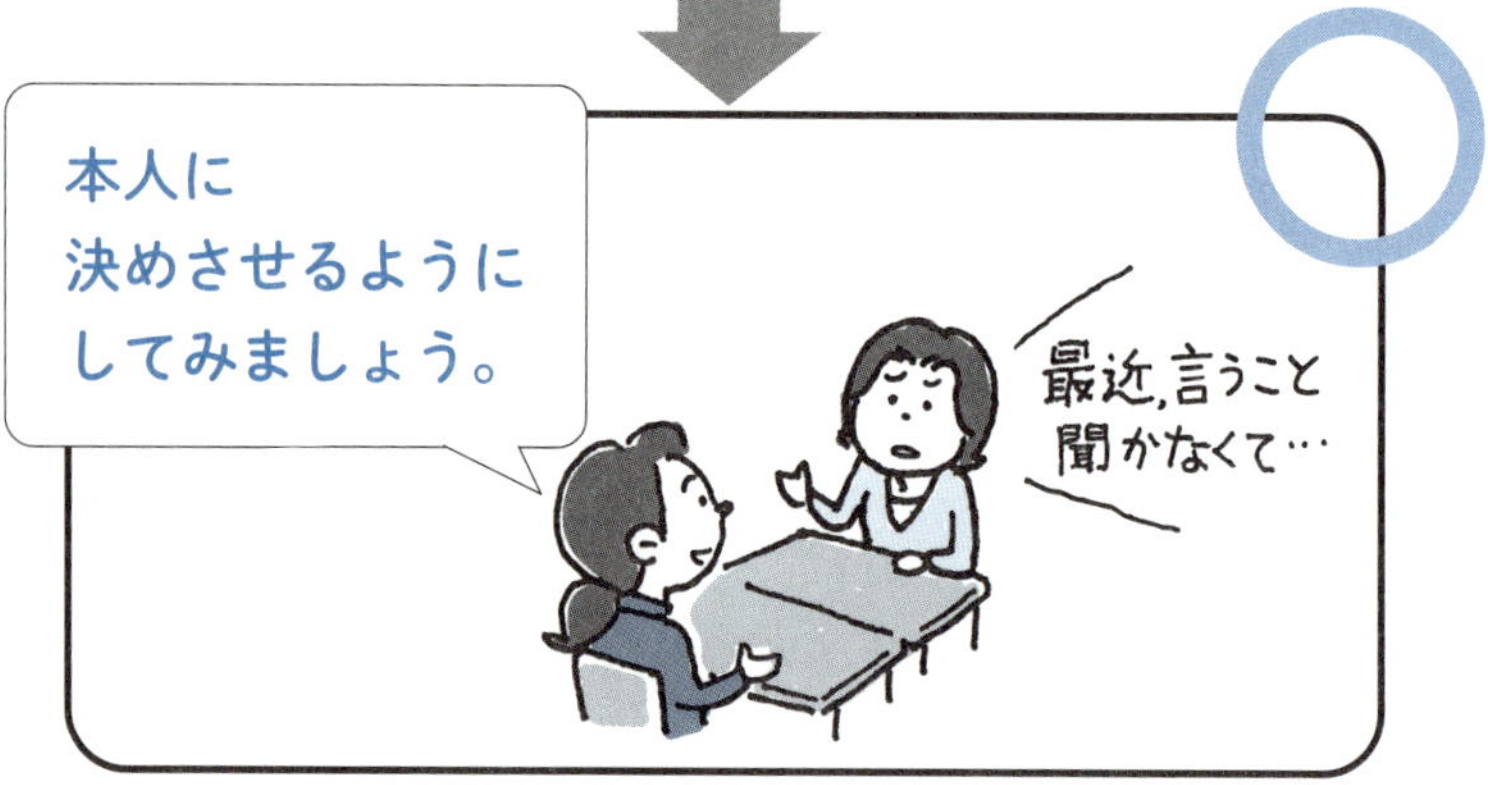

コーチング的アプローチを勧める

小学校高学年にもなると、親の言うことを聞かなくなって、反抗的な態度をとる子どもがいます。「これまでは素直なよい子どもだったのに……」とか「育て方を間違えてしまったのかな……」などと悩む親も少なくありません。

成長につれて、子どもの思考力は発達します。親に反抗的な態度をとるのは、自立の準備であって、自然な成長の過程です。

「どのご家庭でも、この年齢になると、子どもの態度に悩まれているものですよ」

このように前置きしたうえで、コーチング的なアプローチ方法を助言するとよいでしょう。

「ゲームをやめなさい」ではなく、「ゲームは何分で終わるの？」。

「勉強しなさい」ではなく、「いつ勉強を始めるの？」。

問いかけを中心にすることで、子どもに自分で決めさせて、自分で決めた内容に沿って行動できるように導いていきます。

高圧的な言い方ではなくて、自主性を重んじるような尋ね方で聞くようにします。

子どもは、自分の決めたことであれば、多かれ少なかれ、それに従おうとするものです。もしもできないのであれば、「どうしてできなかったのだと思う？」というように尋ねます。

子どもが成長するにつれて、親の側も変わらなければならないということです。

挙手発言しない子どもを心配するとき

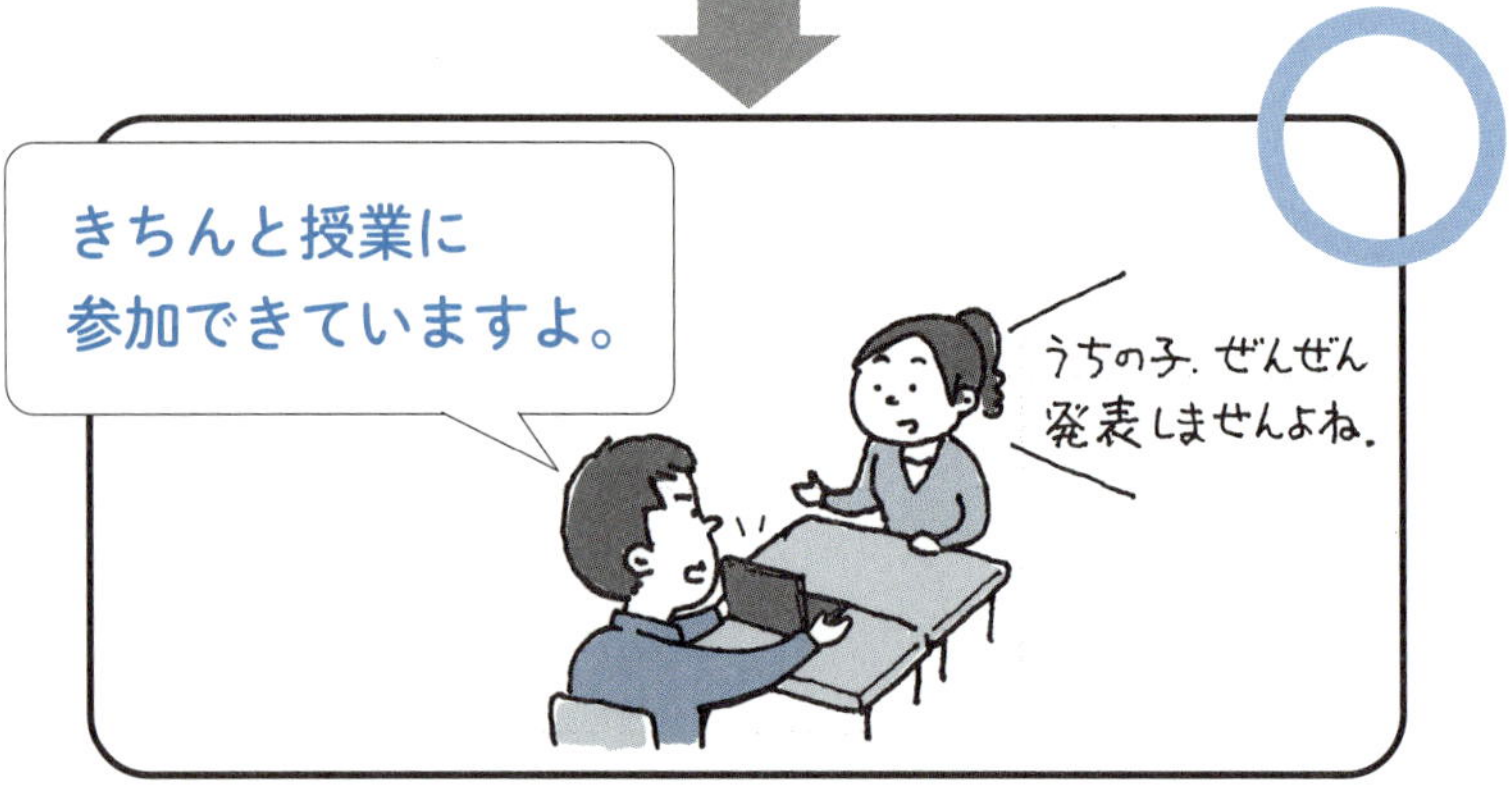

子どもなりの参加の仕方を伝える

授業参観をして、子どもが発表できていない姿を見ると、保護者は、「うちの子どもは、大丈夫だろうか？」と、心配に感じてしまいます。発表できていないことそれ自体は、大きな問題ではないのですが、保護者からしてみれば、「ほかの子にできていることが、うちの子どもにはできていない」と感じてしまうのです。それで、懇談会で不安を訴えることになります。

そこで、子どもなりの参加の仕方ができていることを伝えていきましょう。時代は変わってきています。挙手発言だけが意見を伝える手段ではないのです。たとえば、授業中にチャットを用いて意見を発表するなど、ＩＣＴ機器の活用が考えられます。

「私たち大人だって、わざわざ挙手して発言するようなことはめったにありませんよね。仕事相手とは、チャットでやりとりするような機会も増えてきています。〇〇さんは、チャットで〇〇というような意見を出しており、きちんと授業に参加できていますよ」

チャットであれば履歴も残るので、現物を見てもらうのも効果的でしょう。

ＩＣＴ機器を使っていない場合は、ノートへ記録をまとめていることを伝えます。また、ノートも多くとれていない子どもは、よい聞き手であるということを伝えましょう。

挙手発言だけが、授業への参加ではないのです。このことをきちんと説明すれば、保護者も子どもなりの参加の仕方に安心してくれるはずです。

過剰に心配をしているとき

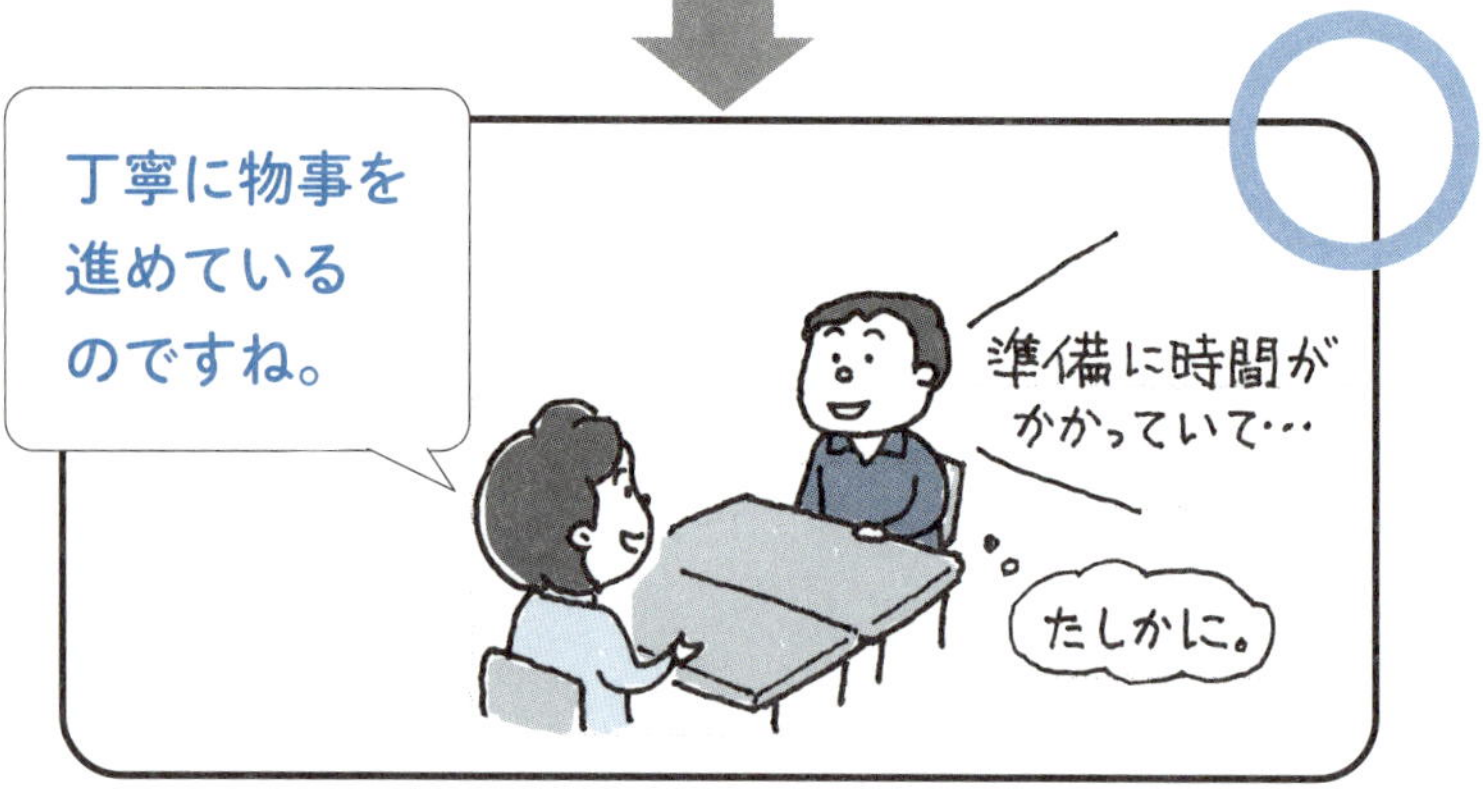

言葉をリフレーミングする

懇談会の最中に、保護者は我が子の不安な点を述べることが多いものです。

そこで教師が同調して「学校でも心配しています」と伝えてしまうと、保護者の不安をいっそうかき立ててしまうことになります。

短所と長所は表裏一体であり、それらはコインの裏と表みたいなものです。

だから、保護者が不安な点を述べたならば、それを長所の側からとらえなおしてみましょう。

解釈の仕方を変えることをリフレーミングと呼びます。たとえば、次のように返します。

「準備に時間がかかるのです」→「丁寧に物事を進めているのですね」

「今後のテストのことばかり気にしています」→「計画的なのですね」

「うまく友達と関わることができません」→「自分の世界観を大切にしていますね」

「絵が下手なんです」→「独創的ですね」

「友達と遊んでばかりなんです」→「協調性があるのですね」

「ゲームを始めると、呼んでも気づかないんです」→「集中力がありますね」

「いつも自分勝手で……」→「自分の考えを大切にしていますね」

このように、リフレーミングすることによって、プラスの側から解釈をして、「これでいいのだ」と感じてもらいましょう。保護者の不安は、安心へと変わっていくことでしょう。

子どもが暴れ回るとき

保護者の状況に共感する

物を壊す、暴言を吐く、暴力をふるう……

このような問題行動を繰り返す子どもに対して指導する場合、具体的な行動を保護者に伝える必要があります。

しかし、そのような子どもに対して、保護者の側も手を焼いていることがあります。

「もっと厳しく」と求められたとしても、「これ以上どうすればいいのか……」と困ってしまうかもしれません。

そこで、事実を伝えた後、時には保護者に寄り添う姿勢を見せるとよいでしょう。

「学校でこのような態度なのですが……おうちではどうですか？　お母さんも、大変なのではないですか？」

「お父さんも、態度に苦心されているのではないですか？」

保護者への共感と理解の姿勢が、教師の温かみを感じさせます。

これによって、保護者と教師の距離間が縮まります。

保護者と教師は相対するものではなく、子どもをともに育てていく協力者です。

だからこそ、子どもの教育の大変さを分かち合う姿勢を見せることが大切であるといえるのではないでしょうか。

課題を提示するとき

対応策と成果を添える

整理整頓ができない、片づけができないなど、保護者に伝えたい場合には、どうすればよいでしょうか。

「片づけができていませんよ」と伝えるだけであれば、保護者の側は困ってしまいます。子どもにできないことがあり、保護者に伝えたとしても、保護者にできることは限られています。「学校で片づけをしなさい」と注意してもらったとしても、教育的な効果は薄いでしょう。

だから、課題を伝える際には、対応策と成果を添えるようにします。

「片づけが苦手のようです。そこで、学校では1日5分の片づけタイムをつくっています。少しずつ、机の中をきれいにしようとする傾向が見られます」

このように、どう対応しているのか、具体的な対応策と成果を伝えるのです。そうすれば、保護者も「じゃあ家でも何か策を講じてみようかな」と前向きにとらえてくれることでしょう。

学校において子どものだらしない姿が見られるならば、それを正すのは教師の側の役割なのです。教師が改善しようと取り組んで、それを報告しなければならないのです。

困っている点を嘆くのではなくて、どうすれば成長させられるのか。成長に導くための取り組みを、学校と家庭で協力して考えていくようにすることが大切です。

時間外の懇談を希望されたとき

時間内で実施する

懇談会は、3日程度の日時設定がなされます。教師の勤務終了時刻が5時であれば、「5時まで」に懇談をすることになります。

しかし、保護者の中には、「午後6時からを希望します」というように、時間外を指定してくることがあります。共働きの家庭などであれば、5時までに出ることは困難であるために、その要望は出されてもおかしくないことです。

そのような希望には、できれば応えてあげたくなるのが人情でしょう。「自分は、いつも午後7時まで残業しているから大丈夫だ」などと思えるかもしれません。

しかし、安易に応えてはなりません。

保護者1人に特別対応するのであれば、学校中の保護者に同じ対応をしなくてはならなくなるからです。たとえば、兄弟がいる場合ならば「お兄ちゃんは時間外でも大丈夫と言われたのに、弟の先生は認めてくれない」というようなクレームにつながってしまいます。

次の年度の先生にも、同じように「午後6時からの面談」を希望することになります。そのとき断れば、「去年の先生はやってくれたのに」というクレームを受けることになります。

時間外の勤務は、引き受けてはなりません。**ほかの日時に変更したり、電話やオンライン通話を提案したりして、自分以外の教師でも継続可能な方法での懇談を実施しましょう。**

コラム

特別支援を要する子どもについて、どう伝えるか？

子どもに発達障害の疑いがある場合があります。

その際、「もしかすると発達障害かもしれません」などと、教師が保護者へと伝えることは、法令上認められていません。

医師ではないので、診断を下すこともできません。

資格をもたない限り、検査することもできません。

では、教師にできることは何か。

それは、関係機関とつなぐということです。まずは、子どもの発達の困りについて、十分に話を聞き出します。そのうえで、提案を働きかけます。

「○○という点について、これからも気をつけて見ていく必要があります。もしもお母さん（お父さん）がお困りであれば、学校には教育相談の機関があります。お子さまの教育にとって、何か役立つ情報が得られるかもしれません」

このようにして、学校内の機関を紹介します。もちろん、教育相談担当の教師には、

該当児童についてあらかじめ報告しておきます。
保護者にとって、専門機関を相手にする面接は、大きなハードルです。面接を行ってしまうと、子どもについての診断が決定づけられてしまうような印象をもっていることがあります。
無理に勧めるのではなくて、種まきをするようなつもりで伝えることです。教師が声をかけて、2年後、3年後に保護者が動き出すこともよくあることです。
もちろん、早いに越したことはないのですが、「自分の受けもつ学年のうちに、何とかしなくては！」と焦るのではなくて、学校生活のどこかで気づくことができるよう、寄り添う姿勢を見せましょう。

第4章

いじめ・ケンカ・不登校

不登校児童を担当するとき

できるだけ早く
家庭訪問をする

不登校児童を受けもつことになった場合は、出だしで十分なケアをしましょう。

不登校児童は、新学年が始まるタイミングで「今年度こそは、登校してみようかな」というように試みていることがあります。

でも、始業式当日になって、調子が悪くなってしまい、やっぱりうまく行けなかった……ということもあります。

「もともと不登校で、始業式の日も欠席している」というのは、実は「挑戦を試みたけれども失敗した」のかもしれないのです。

そこで、担任は、できるだけ早いタイミングで家庭訪問をしたいものです。

始業式に行けるのであれば、その日のうちに。できないようであれば、翌日に訪問をします。「新学年の書類や教科書をお届けしたいと思いまして」というように、理由をつければスムーズです。前担任から引き継いでいる情報をもとにして、話を進めていきます。保護者から話を聞いて、どのような方針で対応をしていけばよいのかをそこで確認しましょう。

何も行動を起こさないのが、もっともよくないのです。保護者と担任がまず連絡を取り合って、一歩を踏み出せるように促していきたいところです。

子どもが3日以上休むとき

原因を確認し、
1つずつ除去する

子どもが3日以上欠席を続けていて、理由がはっきりしないのであれば、電話で様子を確認します。その理由が些細なものでないようであれば、家庭訪問をして話を聞き取りましょう。

子どもからは、様々な理由が出されることでしょう。

「宿題が多い」「先生が怒るのが怖い」「授業が難しい」などが考えられます。

教師にとってみれば、耳の痛くなるような話もあることでしょう。**まずは、ここで挙げられる原因を、一つひとつ除去できるように努めていきます。**

特に、感受性の強い子どもは、教師がほかの子どもに叱責している姿を見るだけでも、自分が注意されているように感じることがあります。この点については、教師が指導方法を改めていかなくてはなりません。

ただし、ここで挙げられる理由が、本当に欠席の原因なのかどうかはわかりません。

本人すらもわかっていない場合があります。

たとえば、夜遅くまで起きていて、朝起きるのがつらくなってしまい、無理に「友達にイヤなことを言われた」と理由づけしているようなことも考えられます。

担任として、現時点でわかっているところまでを聞き取れるようにしましょう。できれば、心理カウンセラーなどにつなぐことが望ましいところです。

不登校が続くとき

学校での居場所をつくる

子どもの不登校が続くと、その子どものことがないがしろにされがちです。たとえば、席替えや係決めのようなときに、学級の子どもからは「どうせ、あの子は来ないのだから」という声が聞かれることがあります。

学級の子どもには、「学校に来たときに、気持ちよく1日を過ごせるように準備しておこうね」と呼びかけておきましょう。

不登校が続く子どもにとって不安な要素は、休んでいるうちに学校のシステムが変わっていることです。たとえば、せっかく勇気を出して登校したときに、「自分の席の場所がわからない」「勝手に知らない係に決まっていた」となるのは、なかなか大きなストレスです。

そうならないようにするために、不登校の子どもには、学校の情報を伝えておきます。

欠席の間に席替えをした場合には、「今日は席替えをしました。窓側の前から2番目の席です」というように連絡します。係などについても、「○○係に決まりました。同じ係には、○○さんがいます」というようにして伝えておきます。そうすれば、心の準備をしたうえで登校することができます。

返信はなくても、「いつでも迎え入れる準備ができていますよ」というメッセージを発信し続けることが大切です。

匿名の嫌がらせが発生したとき

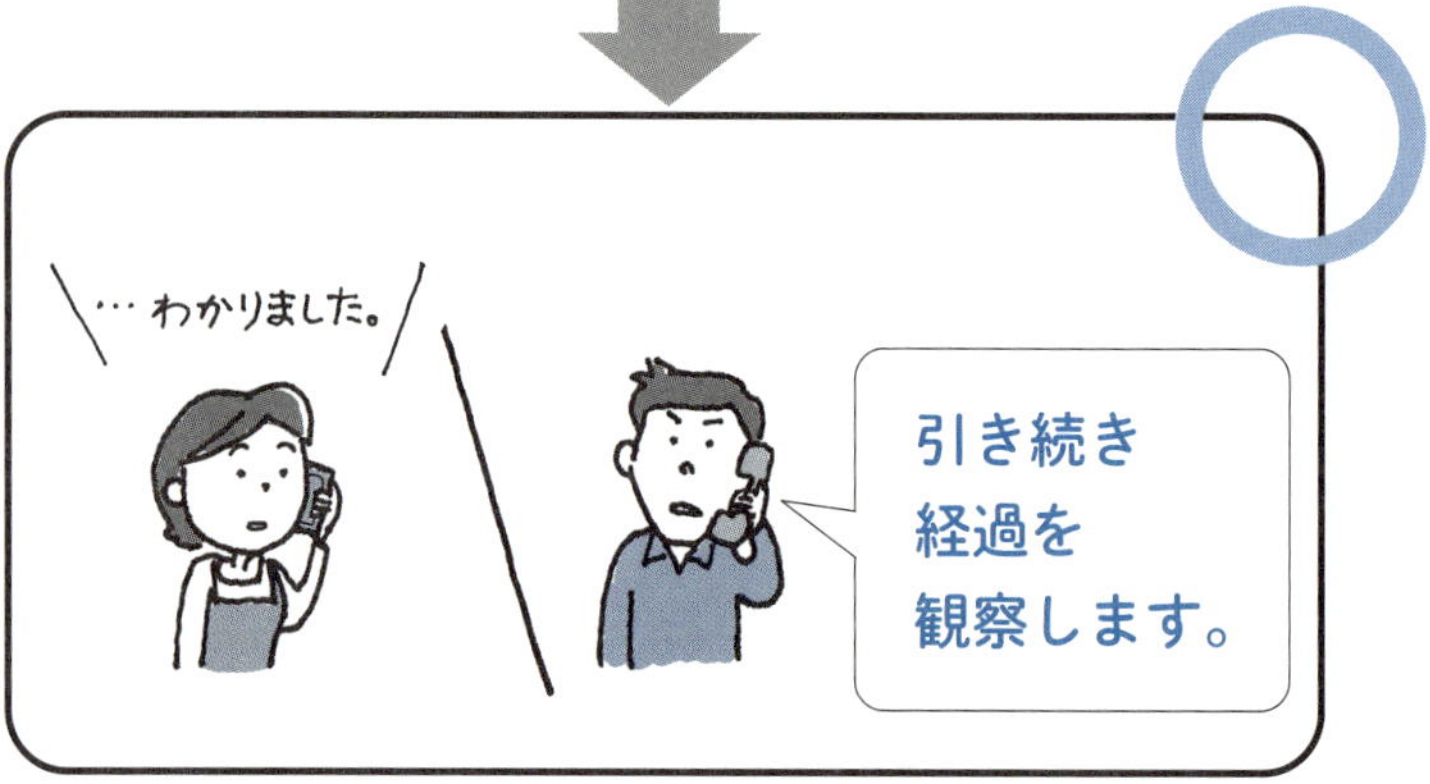

厳しく慎重に対応する

靴隠しや、悪口の落書きなど、誰がやったのかがわからない匿名の嫌がらせをする子どもがいたとします。1回でおさまるようであれば、やった本人も後悔しているのです。しかし、2回以上続くようであれば、愉快犯の可能性があります。教師や学級の友達が慌てふためく姿を見て、楽しんでいるのです。

教師は警察ではありませんので、必ずしも犯人を突き止める必要はありません。

しかし、なめられて、弄ばれているようであれば、指導者として失格です。もしかすると、そのような子どもは、匿名で嫌がらせをすることの快感を学んでしまっているかもしれません。

子どもたちには「犯人探しはしません」と公言しつつも、なぜそれがいけないのかを真剣に語り、二度と繰り返させないように働きかけます。物隠しの場合であれば、隠した本人が発見して持ってくる場合が多いもの。また、匿名の落書きを筆跡鑑定すれば、ある程度の目星はつきます。特に、ひらがなには子どもの個性が表れるので、見比べて確認しましょう。そのうえで、事後の動きに注意しておきます。

被害にあった保護者には、「〇〇が発生しました。学級には〇〇という指導をしています。管理職、生活指導部にも報告済みであり、経過を観察していきます。ご心配をおかけして、申し訳ありません」と伝え、誠実に対応している事実について知らせ、解決を目指しましょう。

ケンカでケガをさせてしまったとき

加害者→被害者の順に連絡する

ケンカで相手の子どもに小さなケガを負わせてしまったような場合には、被害者・加害者双方の保護者への連絡が必要です。その際、電話連絡をする順番が重要です。

まずは、加害側に連絡をします。

「○○ということでケンカをして、相手の子どもにケガを負わせてしまいました。その後、きちんと謝罪し、仲直りもしています。相手の子どもも、からかってしまったことを謝っていました。ただ、相手の子どものケガが○○ということで、少しひどいので、お母さん（お父さん）の方から連絡していただくのがよいかと思いますが、いかがでしょうか」

ケンカは片方だけが一方的に悪いということはないので、双方に指導済みであることを伝えましょう。次に、被害者側の保護者に連絡を入れます。ケンカの状況について伝えたうえで、次のように確認します。

「相手側の保護者の方が、一言謝罪したいとおっしゃっていますが、ご連絡先をお伝えしてもよろしいでしょうか」

そして、連絡先を改めて加害者側に伝えて、謝罪の連絡を入れてもらいます。このような順序で連絡を入れることにより、問題解決がスムーズに行えます。ただし、「大きなケガ」を負っている場合には、一刻も早い対応が必要です。被害側の保護者への連絡を優先しましょう。

子どもがほかの子どもを傷つけたとき

教師の力不足を謝罪する

子どもが誰かを傷つけたならば、当然その子どもへの指導が必要です。

では、保護者に連絡をする際には、どのようなスタンスで臨むべきでしょうか。

「こんな悪いことをしたんです！　おうちでも叱ってください！」という話し方をすれば、保護者の側は、自分の子どもがけなされているかのように解釈してしまいます。

ケンカのトラブルはどうして起こったのか。誰の責任下で起こったのかを考えなくてはなりません。

子ども同士のケンカとはいえ、学校管理下で起こったのは事実です。そこでケガを引き起こしてしまったとすれば、その責任は教師にあります。なぜなら、教師が目を配っていて、制止できれば、被害の子どもはケガを負わずに済んだのかもしれません。加害の子どもも、加害者にならずに済んだのかもしれません。

教師の管理不足に原因があるといえます。

だから、加害の側の保護者に対しても、謝罪の姿勢をもちましょう。「私の指導不足のせいで、申し訳ありません」というように、一言謝罪することです。

そうして丁寧に指導する姿勢を見せれば、保護者の側も「我が子を指導しなければ」と考えてくれるようになることでしょう。

わが子の非を認めようとしないとき

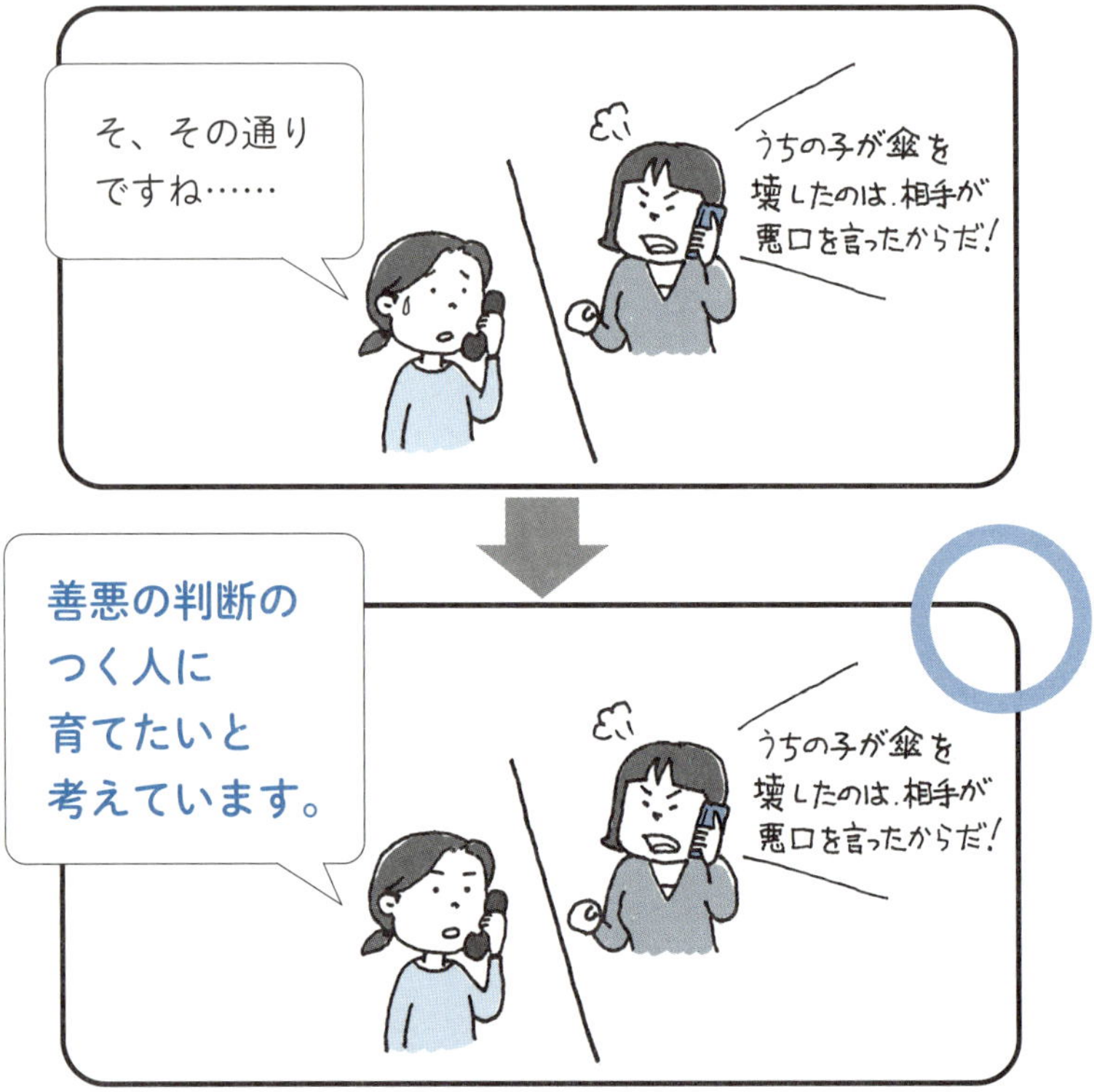

子どもの成長を中心に据える

ほかの子どもにケガをさせたり、持ち物を壊したりしたにもかかわらず、わが子の非を認めずに、相手の子どもの非を責める保護者がいます。

子どもをかわいがるあまり、かばってしまうのです。

保護者にしてみれば、「相手の子どもが憎い」というよりも、「自分の子どもが責められている」というように感じてしまい、怒っていることが考えられます。

そこで重要なのは、子どもを責めているのではなく、「子どもの成長を願っている」という文脈にすることです。

「たしかに、相手の子どももいけないと思います。相手の子どもにも、もちろん繰り返すことのないように指導しています。しかし、どのようなことがあったとしても、物を壊すことはよくないと○○さんには伝えています。担任としては、本人の言い分をしっかりと受け止めたうえで、傘を壊したことへの反省を促したいと思います。お子さんを、善悪の判断のつく人に育てたいと考えているのです。この点、ご理解いただければと思います」

根本的な姿勢として、加害の子どもを大切に思っているのだという気持ちを伝えましょう。学校での教育方針に協力してほしい、とお願いするような形で伝えれば、棘のない言い回しになることでしょう。

いじめを受けているとき

安心させる言葉をかける

いじめ問題が発生したときには、迅速な対応が求められます。

いじめられている側の保護者に連絡する必要があります。

このとき、保護者を不安にさせるような言葉はタブーです。

たとえば、「心配していたことが、起きてしまいました……」「お子さんの言動にも問題があります」「学校としては人手不足で、対応できるかどうかわからないのですが……」などの言葉は、より不安をあおる結果になってしまいます。

まずは、「校内をあげていじめの問題解決に向けて全力を尽くし、お子さんを守ります」と宣言しましょう。そのうえで、スクールカウンセラーの活用、教職員の見守り体制、いじめた子どもへの生活指導、集会での学年全体での指導など、具体的な取り組みを保護者に伝えます。

保護者にしてみれば、いじめは既に起こっているのですから、担任教師1人で対応されるのは不安だと感じています。だから、教師1人ではなくて、「いじめ対策委員会」などの組織で対応していくことを念押ししましょう。

電話でのやりとりは避けて、家庭訪問か面談が望ましいところです。いじめられている子どもを真剣に守り抜くには、きちんとした取り組む姿勢が重要で、いじめ問題の解決には不可欠といえます。

いじめをしているとき

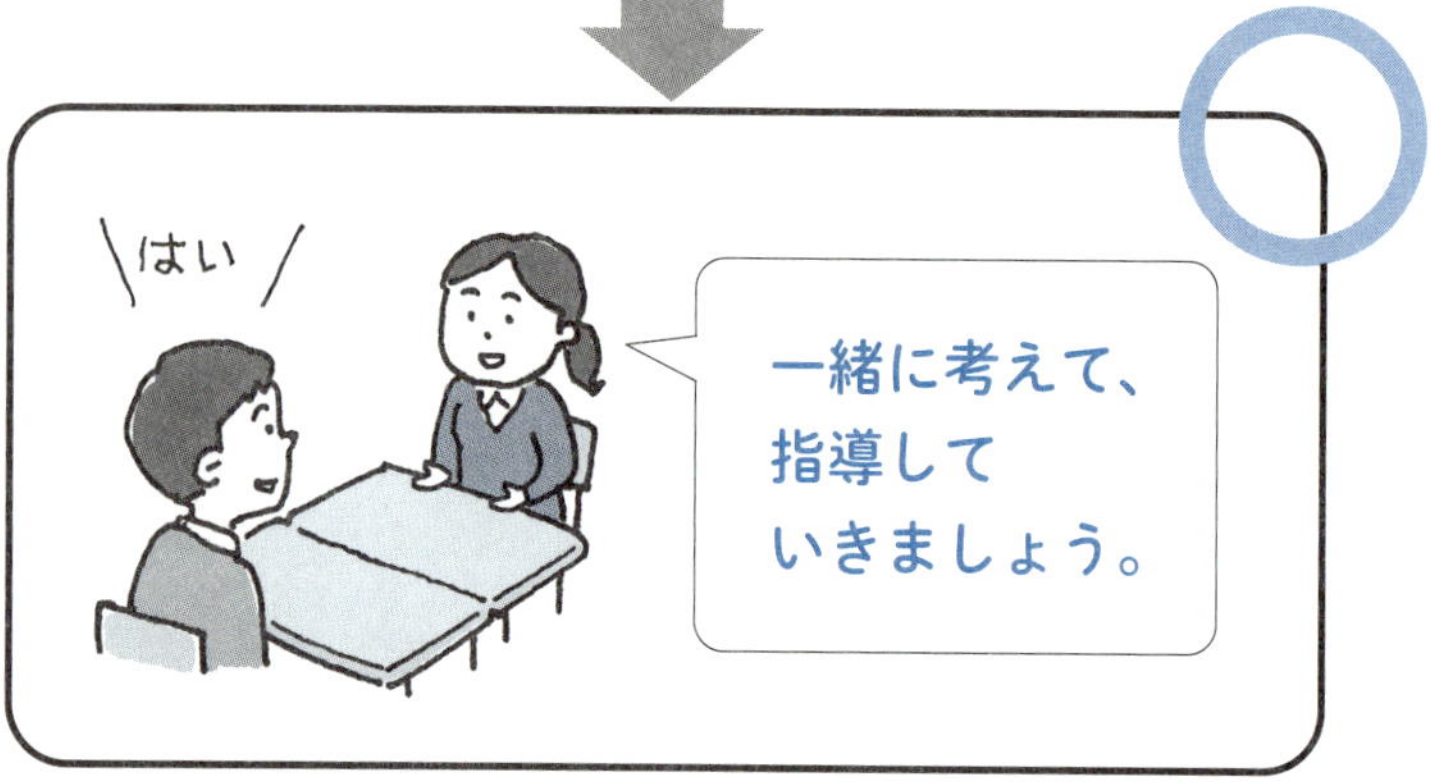

連携する姿勢を見せる

いじめの加害者がわかった場合には、保護者を学校へ呼び出します。

この場合は、家庭訪問よりも、来校してもらう方が適切でしょう。教室や教育相談室、校長室へと通します。

学校に呼び出されている時点で、保護者にしてみれば、後ろめたい気持ちでいっぱいです。逆上するような態度をとる保護者もいます。

したがって、保護者を責めずに、連携して指導していくことの大切さを伝えます。

教師が、「人間関係のもつれが原因ではないか」と分析したとしても、いじめ加害者の欲求不満の原因は、もっとほかにある場合があります。

いじめ問題の加害となる原因には、8つの心理があると言われています。

・仲間求め　・欲求不満　・反発、報復　・嫉妬心
・支配欲　・愉快感　・嫌悪感　・同調性

いじめの事実の確認、解決の方向性が話し合えたならば、その後に、いじめ加害の子どもの家庭の様子を十分に聞き取ります。家庭環境の変化など、何かしらの原因を保護者が把握しているかもしれません。それを聞き出すようにします。

いじめをしようとする根本的な原因に目を向けて、解決の糸口を探しましょう。

保護者の訴えがあったとき

記憶ではなく、記録に残す

いじめ問題が生じた場合には、被害側の子どもの保護者と家庭訪問や面談をすることになります。被害側の保護者の話を十分に聞きます。そこで難しいのが、記録を取ることです。保護者の側からしてみれば、訴えがあって話しているわけであり、事情聴取をされたいわけではありません。だから、教師の側も、メモをすることに躊躇してしまいます。

しかし、いじめ問題は、相当に丁寧な対応が必要なものです。

学校に戻ってからは、報告が必要です。さらに、学級や加害側の子どもへの対応など、訴えの内容を一切間違えずに実行することが必要です。いじめ対応は繊細であり、小さな取り違えが命取りになります。「確か……学級全体にも伝えてほしいと言っていた気がします」というような、記憶に頼っているようでは心許ないのです。

そこで、ことわりを入れたうえで、メモを取るようにします。「大事なことなので、記録を取ってもよろしいですか？」というように。これを拒否する保護者は、まずいないことでしょう。

手元でメモを取ります。ただし、ほかの子どもの聞き取り情報は、個人情報ですので、保護者から見えないように気をつけましょう。できるだけ、新しいページに記入するようにします。

メモを取ることに夢中にならないようにも気をつけたいところです。相手は被害者なのです。

面談をする際には、しっかりと目を見て話を聴くことを心がけましょう。

コラム

毎朝迎えに行くのはよい対応か？

不登校児の保護者から、「毎朝迎えに来てほしい。先生が迎えに来てくれれば登校できそうなので」と申し出があったときに、どのように対応すべきでしょうか。

情熱のある教師であれば、「わかりました、私が毎日行きます！」と言うかもしれません。その教師は独身で、時間の融通が利くために、そうしようと考えたのです。一見すれば、これはよい対応のように思えます。

しかし問題なのは、この対応が業務時間外であるということです。その次の年になって、ほかの教師がその子どもを受けもったときに、同じように対応できるでしょうか。家庭をもつ教師ならば、時間に制限があります。そのとき対応できなければ、その子どもや保護者は「前の先生は、迎えに来てくれたのに」と考えます。新しく受けもつ先生の負担になって、結局は不幸な結果につながってしまいます。だから、業務時間外の対応は、「私が今がんばれば大丈夫！」ということではないのです。

このような相談を受けたときには、まず、１人で請け負わないようにすることです。

管理職に相談し、学校として、業務時間で持続的に対応可能な形を返答します。

「始業前に迎えに行くことは、教員の業務時間外ですので、対応ができません。ただし、始業後であれば可能な日もあります。担任が空いていれば担任が、担任が空いていなければ、時間の空いている教員が迎えに行くことになります。このとき、教員は、次の授業の準備がありますので、家に迎えに行って出て来ない場合であれば、待つことができません。準備をして待たせるようにしてください」

1人が負担を請け負うことは、結果として、学校現場を苦しめることになります。持続可能な形で、個人ではなく学校として対応するようにしましょう。

第5章

クレーム

指導について責められたとき

「限定的な謝罪」をする

理不尽なクレームをつけられている場合には、「早く終わればいいのに」という思いが出てくるものです。そのため、責められた場合には、「申し訳ありません」と謝ってしまいがちです。しかし、その何気ない謝罪が、教師の立場を窮地に追い込むことがあります。安易に謝罪の言葉を発すると、教師が非を認めることになってしまうからです。

たとえば、「先生に叱られたと言って泣いています」というクレームが入ったとします。そこで謝罪すれば、指導の誤りを認めることになるのです。

とはいえ、「そんなことありません！」と否定すれば火に油を注ぐことになります。

そんなときに用いたいのが、「限定的な謝罪」です。保護者を不安にさせてしまったこと、説明が不足していることなどに限って、謝罪の言葉を述べるようにするのです。

「今回の件について、私の方からご連絡を入れるべきでした。まず、不安な気持ちにさせてしまい、申し訳ありません。今回叱った件について、説明いたします」

このように、全面的にではなく、限定した範囲に対して謝罪の意思を伝えるようにします。

謝罪の言葉は、安易に使うと「保身に走っている」という慇懃《いんぎん》無礼《ぶれい》な印象を与え、保護者の苛立ちを増す場合があるのです。気をつけて使うようにしましょう。

「厳しすぎる」という クレームが入ったとき

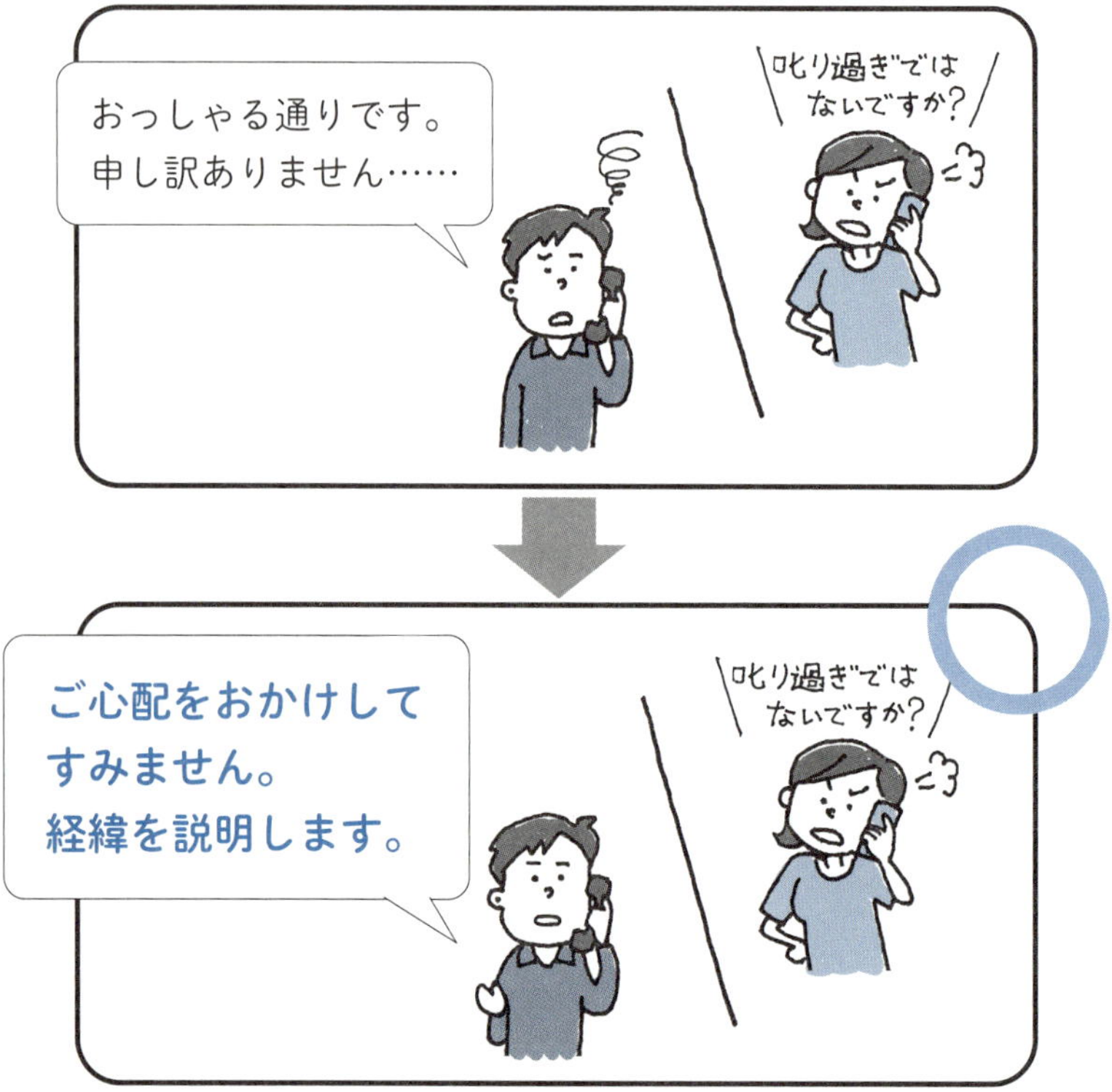

説明して理解を求める

友達を叩いてしまった。人の物を取ってしまった。

子どもの言語道断な過ちに対しては、厳しく叱責せねばならないことがあります。

この叱責には、「二度と同じことを繰り返してはいけない」という、教師の信念が込められているはずです。

しかし、厳しく叱った後に、保護者からクレームが入ることがあります。

「そんなに厳しく叱らなくてもいいのではないか」というように。このようなクレームが入ると、つい「申し訳ありませんでした」と謝るべきかのように思えてしまいます。

しかし、教師が考えて行った指導ならば、きちんと説明して理解してもらうべきでしょう。

まず、「ご心配をおかけして申し訳ありません。今回の指導の経緯について説明します」というように、順を追って説明します。経緯を説明したうえで、「○○さんの今後のことを思い、今回は厳しく指導しました」ということまでわかれば、多くの保護者はトーンダウンします。

それでも理解が得られないようであれば、「ここで厳しくすることは、○○さんのためになると思いませんか」と、教師の側に引き入れようと試みてみましょう。

クレームの際に大切なのは、謝罪よりも説明です。できれば保護者から連絡が入る前に、こちらから一報入れておくのが望ましいところです。指導の説明責任を果たしましょう。

責任を追及されたとき

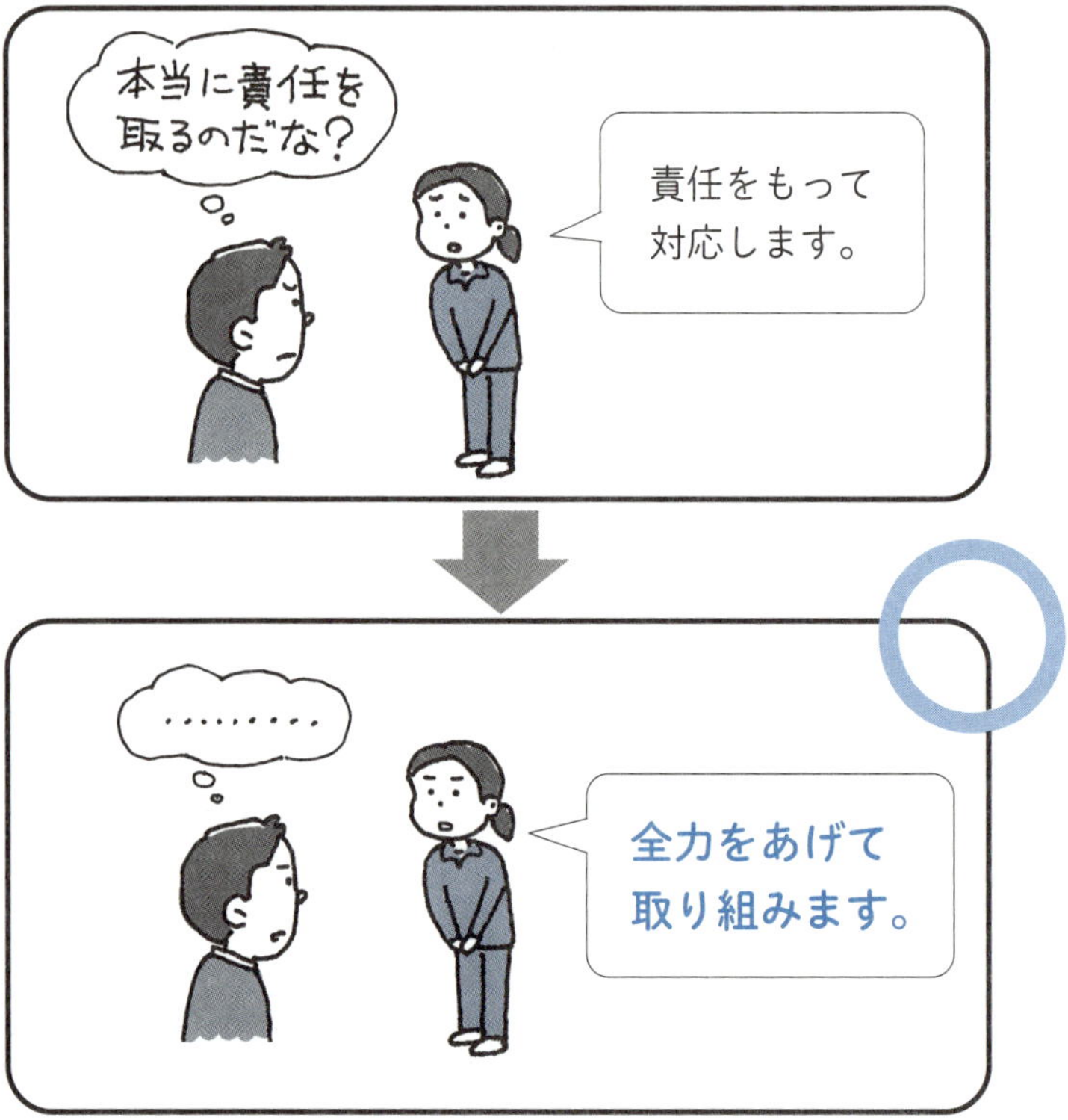

「責任をもつ」とは
約束しない

保護者からの厳しいクレームに対しては、丁寧に受け応えをしなければなりません。対応のなかでは、一生懸命やることを表現しようとして、つい「責任をもって対応します」と言ってしまいがちなものです。

しかし、この言葉は禁句です。なぜなら、一教師が責任をもつことはできないからです。学校で責任を取ることができるのは、学校の最高責任者である校長だけです。

では、教師にとっての「責任をもつ」「責任を取る」とは何か。

もちろん、違法行為をしていれば、懲戒処分を受けるということになります。

そうでない場合では、「教師の職を辞する」というような、自らの進退をかけることになります。つまり、もしも教師の対応がうまくいかなかったときに、「約束の通り責任を取れ」と言われた場合には、辞職を迫られてしまうということになってしまいます。

だから、「責任をもつ」とは、そもそもできないことであり、言ってはならないのです。

ただ、誠意をもって対応したいという気持ちは、何とかして伝えたいものです。

そこで、「しっかりと対応します」「丁寧に取り組みます」「全力をあげて取り組みます」というような言葉に言いかえて伝えてみましょう。そして、こまめな報告を心がけて、取り組む姿勢を見せていけばよいのです。

成績に不満があるとき

第一、教え方が
悪いんじゃないの？
このように成績を
つけておりますので、
間違いではありません。

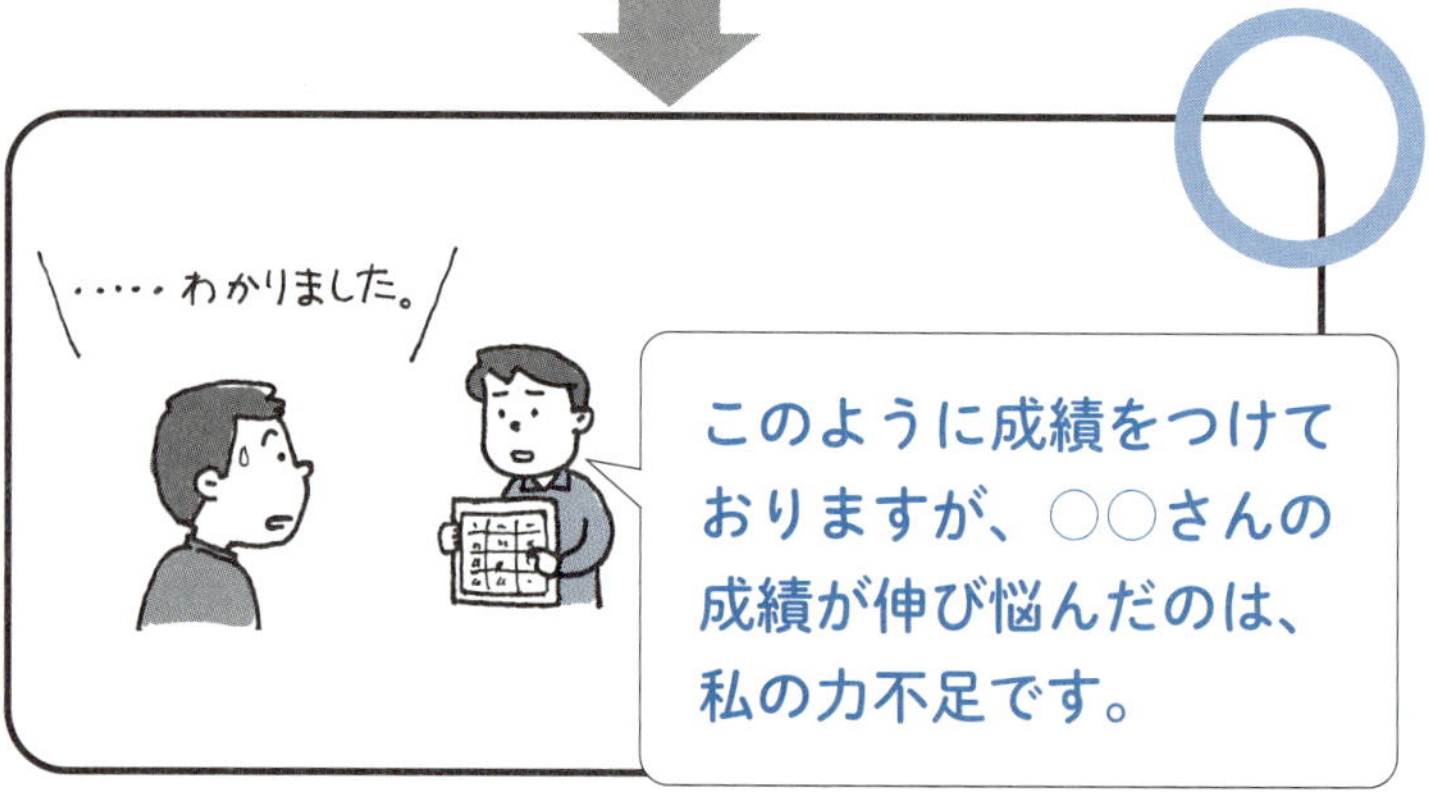
……わかりました。
このように成績をつけて
おりますが、○○さんの
成績が伸び悩んだのは、
私の力不足です。

保護者の逃げ道をつくっておく

理不尽なクレームがある場合には、論理的に対応しましょう。説明責任が果たせていないのであれば、保護者の納得がいくまで説明することです。

しかし、教師の側があまりにも完璧な正論を述べてしまえば、保護者のプライドを傷つけてしまうことがあります。逃げ道がないほどに追いこんでしまうと、思いも寄らぬ方向から攻撃されることも予想されます。

そこで、論理に「逃げ道」をつくっておきましょう。論理的に固めつつ、なおかつ、保護者がつけいることのできるスキを「あえて」つくるのです。

たとえば、成績についてクレームが入った場合には、成績の点数配分と、本人の点数を示して、どのように成績をつけているのかを話します。

ただし、ここで「成績が悪いのは本人の取り組みの問題である」と伝えてしまうと、保護者は矛先の向けどころがなくなってしまいます。

そこで、「とはいえ、よい成績が取られなかったのは、私の指導不足によるところです。この点については、次の学期で向上するように、改善を重ねていきます」というようにして、教師に落ち度があるように伝えます。そうすれば、保護者のプライドを守りつつ、伝えたいことを伝えることができるでしょう。

オーディションの結果に不満があるとき

審査を厳正に行う

合唱のピアノ担当を決めるなど、オーディションを開催して、学級の代表者を決めることがあります。このようなオーディションの類は「鬼門」です。クレーム0で決定できるならば花丸です。それくらい難しいことなのです。

たとえば、ピアノ伴奏のオーディションの日、どの子どもも優劣なく上手に弾けていたとします。教師としては「ほかの曲の活動」に目が行きます。そして、「○○さんは、ほかの曲でよい楽器をやっているのだから、譲ってあげない？」などと打診します。その子が了承して決定したにもかかわらず、その日の放課後にクレームが入ってしまいます。

その子は、オーディションに向けて数週間前から練習を始めていたのです。でも、当日になって新しい基準を出されたために、不満を感じました。それで、「審査基準は事前に知らせるべきではないか」「そもそも音楽がわかる教師が審査したのか」というようなクレームへと発展したのです。この種類のクレームは、ほとんどが解決不可能なために、よけいにやっかいです。

オーディションは、できるだけ厳正なものにしましょう。まず、審査の基準を明確にして伝えます。さらに、「音楽担当の教師」「担任の教師」「学年主任」など、複数の教師で審査します。「音楽の能力を有する者」は必須のため、音楽教諭は必ず同席してもらうようにしましょう。落選した子どもが不満を感じないように、納得できる厳正な審査にすることが大切です。

教材の未達成に指摘が入ったとき

購入した物は、最後までやり切らせるようにする

漢字ドリルや計算ドリル、テストなどは、保護者から教材費を徴収して購入しています。したがって、「購入したけれども、最後までやらなかった」というのは、「だったら購入しなければよかったじゃないか」と批判を受けることになるわけです。

第一に、やらせ切らずに処分してしまえば、これは問題になります。不祥事として、ニュースで取り上げられることすらあります。**購入した教材は、必ず最後までやり切らせるようにしましょう。**

ただ、実際問題として、すべての子どもが全教材を終わらせるのは、なかなか難しいところもあります。分量の多い教材については、朝学習や、授業はじめの5分間などを用いて、毎日少しずつ取り組ませるようにして、最後まで取り組めるようにします。

特に漢字のワークなどは、膨大な量を準備してしまうと、それをこなすことで必死になってしまって、ろくに授業ができないようなことがあります。たとえば、漢字ドリルを「普段の授業用」と、「宿題用」というように準備してしまうと、それで国語の授業は手一杯になります。

そうならないようにするためにも、春の教材購入の際には、分量に注意しましょう。

買い過ぎないように気をつけます。**その学年の子どもたちの学習状況を引き継ぎとして把握しておき、やり切らせられる量だけを購入するようにしましょう。**

子どもに非があるのに正しいと主張するとき

「たしかに、〜。しかし〜」の構文で返す

我が子のことが一番かわいくて、正しいと信じて疑わない保護者がいます。

まずはじっくりと話を聞いて、信頼関係を構築したうえで、こちらの言い分を伝えていくことが大切です。

たとえば、「石を投げて窓ガラスを割ってしまったのは、たしかにいけないけれども、そもそも学校に石が転がっていることが問題なのではないか。管理体制が悪いのではないか?」というクレームが入ったとします。

どれだけ理不尽な内容であったとしても、まずは話を十分に聞きましょう。そのうえで、「たしかに、~。しかし、~」という構文になるように、話を進めていきます。

「たしかに、学校に大きな石が転がっているのは問題です。しかし、石があれば誰もが窓ガラスに投げつけるというわけではありません。○○さんには、判別のつく子どもに育ってほしいと願っております。学校内の管理については、最前を尽くしていきますので、ご家庭でも、今回の件について、十分に話し合っていただけたらと思います」

このようにして、いったん受け止めたうえで、こちらの論を進めていきます。

一方的なクレームであったとしても、十分に話を聞いたならば、こちらの言い分も聞いてくれるようになることでしょう。

話が長引くとき

時間を区切る

気分が一定ではない保護者がいます。気分のいいときには気にもとめない一方で、小さなことで激昂して電話してくるようなことがあります。

対応に苦慮するタイプの保護者です。このような保護者は、多くの場合、下の学年（幼稚園・保育園を含む）から申し送りが入ります。

特に、不安定な保護者は、話し出すと止まらないことがあります。

あまりにも長くなるような場合には、時間を区切るようにしましょう。

「3時から会議ですので、それまでの間でお願いします」というようにして、あらかじめ終わりの時間を伝えておきます。目安の時間を伝えていなければ、あっという間に2～3時間過ぎてしまうこともあります。

話の長い保護者は、家庭や地域での人間関係がうまくいっておらず、「学校の先生だけが私の話を聞いてくれる」と依存することがあります。しかし、**あくまでも、学校は子どもを育てる場所です。子どもに関係のない話であれば、すみやかに時間を区切るよう対処しましょう。**

どうしても対処できない場合には、学年主任や管理職に、代わりに聞いてもらうようにします。

こういう保護者は、1人で対処するには荷が重過ぎます。事情を説明しておき、負担を分担してもらいましょう。

学校行事の日程に文句を言うとき

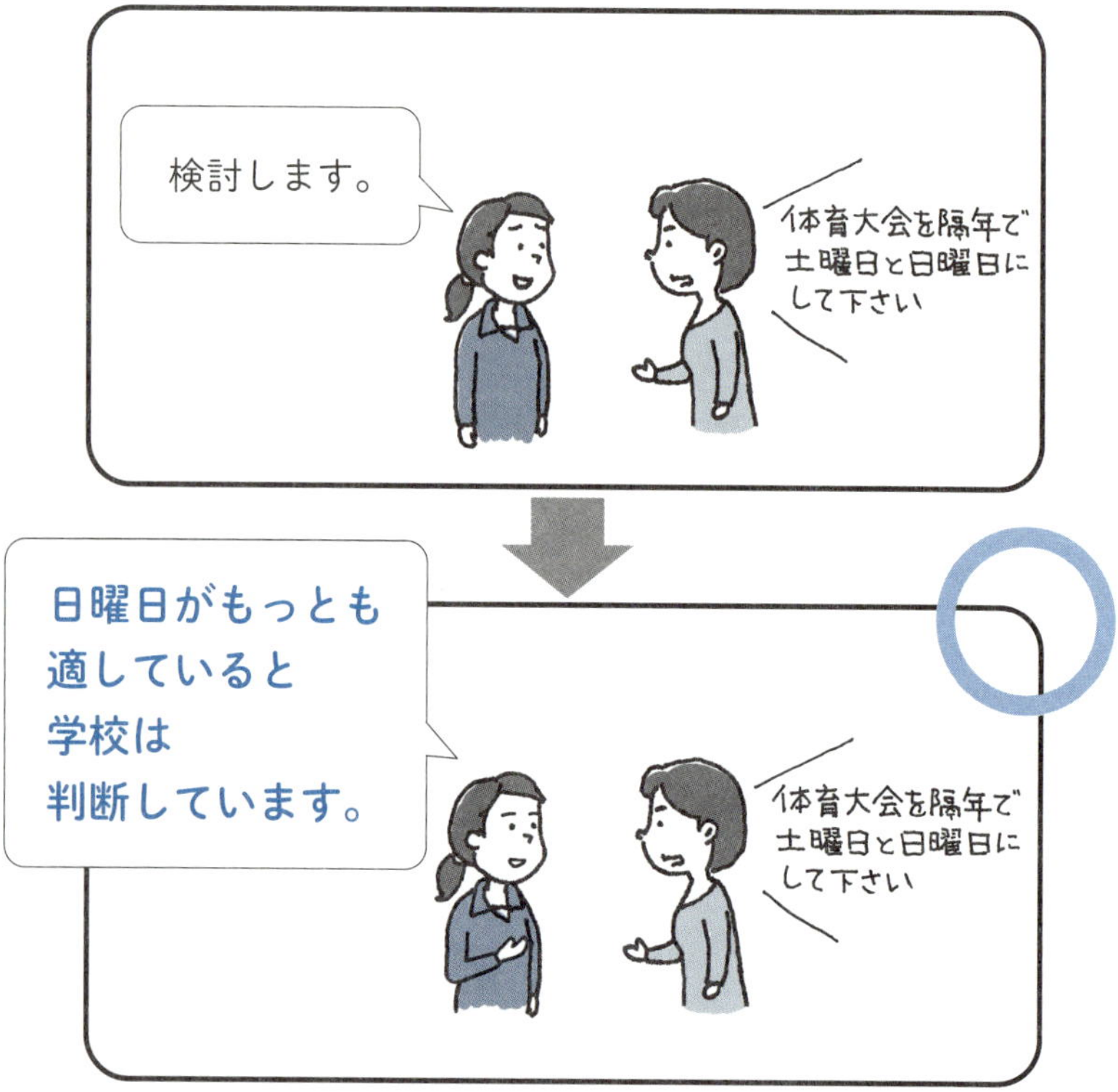

学校のスタンスを明示する

学校行事の予定について、保護者の都合で文句を言ってくる場合があります。

たとえば、「毎年、体育大会が日曜日なのは、どうしてですか？　私の夫は、土曜日が休みです。ほかのご家庭も、そういうところはあるかと思います。土曜日・日曜日と、隔年で曜日を変えてくれませんか」というような申し出です。

一人ひとりの保護者の要望に対して、学校が100％かなえられるわけではありません。一人のクレームに従うと、必ず他からのクレームがやってきます。

仮に隔年にしたとしても、次の年には「毎年同じ曜日にしてほしい」というクレームが入ることでしょう。

行事予定に関しては、学校としてのスタンスを明らかにして、ブレないようにする必要があります。柔らかい口調で、しかしながらはっきりとお断りする必要があります。

「お気持ちの方は、よくわかります。学校行事については、できるだけ多くの保護者の方に見ていただきたいと考えています。そして、多くの保護者の方に来ていただくためには、日曜日がもっとも適していると学校では判断しています。学校としては、例年日曜日に体育大会を実施する予定です。ご了承ください」

それでも納得できないようであれば、教務や管理職に取り次ぎましょう。

クレーマー気質の親に連絡するとき

子どもより先に報告する

クレーマー気質の保護者には、先手必勝を心がけましょう。

トラブルが起こったら、できる限り先手を打ちます。下校の業務をすませたら、すぐに当該保護者へ電話を入れます。そして、客観的事実を報告します。

クレーマー気質の保護者に連絡を入れるのは億劫なものですが、子どもより先の報告で怒り出すことは希でしょう。

報告をおろそかにして、保護者から「どうして連絡をくれなかったのですか?」と連絡がくると、その後にする教師の説明は、すべて言い訳のように聞こえてしまうことになります。

学校で起こったトラブルについては、子どもが少しでも納得できていないようであれば、事前に報告しておくのがよいでしょう。

「○○さんのお母さん(お父さん)でしょうか。○○学校の○○です。今、お電話よろしいでしょうか。お伝えしておいたほうがよいと思うことがありまして、ご報告のお電話なのですが…(事実を伝える)おうちでもよかったら話を聞いてあげてください。ご心配をおかけしてしまいますけれども、どうぞよろしくお願いします。失礼します」

このような報告をこまめに入れて、常に先手を打ちます。

言い訳ではなくて報告となるように、早めの連絡を心がけましょう。

コラム

クレームは座って聞く

クレームを受けるときに重要なのは「姿勢」です。クレームを受けている間は、できるだけ座って話を聞くようにしましょう。受話器の位置によっては、なかなか座ることもできない場合が多いものですが、できる限り、近くの椅子を借りて座ることです。

なぜ、座ったほうがよいのか。それには3つの理由があります。

まず1つ目は、心を落ち着けて話が聞けることです。立ったままであれば、体は興奮しやすい状態になります。理不尽なことを言われたときに、肩があがって、足を踏みしめたくなってしまいます。一方で、深く腰掛けていれば、ゆったりとした気持ちで受け応えができます。クレームを受け止めるだけの余裕ができるのです。

2つ目に、メモを読み書きできるということです。立ったままで電話をしていて、重要な連絡を受けた場合に、どのようにメモをするでしょうか。殴り書きのようになってしまうことでしょう。座っていれば、丁寧に書くことができます。

3つ目に、疲れないということです。クレームは、どこまで続くかわかりません。下手をすれば、20分、30分……と続くこともあります。そのような長時間、立ち続けたり、その場でしゃがみ込んだりするのは、かなりつらいものがあります。座っていれば、身体的な疲労感は生じません。

以上のことから、クレームを受ける場合には、座っている状態が適しているのです。パイプ椅子ではなくて、オフィスチェアがよいでしょう。できるならば、職員室内に「電話用の座席と机のセット」を1つ用意しておくのがベストです。

第6章

トラブル

大きな問題が発生したとき

上司へ報告をする

学校は、1つの組織として動いています。保護者からのクレームやトラブルへの対応は、学校全体で取り組まなければならないものがあります。

たとえば、いじめや靴隠しなどの大きな問題が生じたときには、管理職への報告が必要です。**保護者としては、学校単位での対応を求めます。保護者が管理職に連絡を入れたときに、管理職が「知りませんでした」「初耳です」となれば、大きな不信感を招くことになります。そうならないためにも、報告が必要なのです。**

「教頭先生、報告があります。昨日学級で○○ということが起きました。これについて、保護者から○○という意見を受けましたので、○○と返しています。引き続き連絡を取り、様子を見ていきたいと思います」

このような報告を、こまめにすることです。クレームやトラブルが発生したときに、プライドを傷つけられたくないからなのか、隠してしまおうとする人がいます。

しかし、トラブルが発生するのは、ごく自然なことです。どれだけ学級経営の達人になっても、クレームやトラブルがなくなることはありません。

それよりも、トラブルへどう対応したのかが、教師としての腕の見せ所なのです。大きめの問題が起きた場合には、できるだけ早く管理職へと報告しましょう。

地域トラブルを学校にもち込まれてしまったとき

公園でブランコを
先に抜かされたんです！
相手の子どもに
私から
指導しておきます。

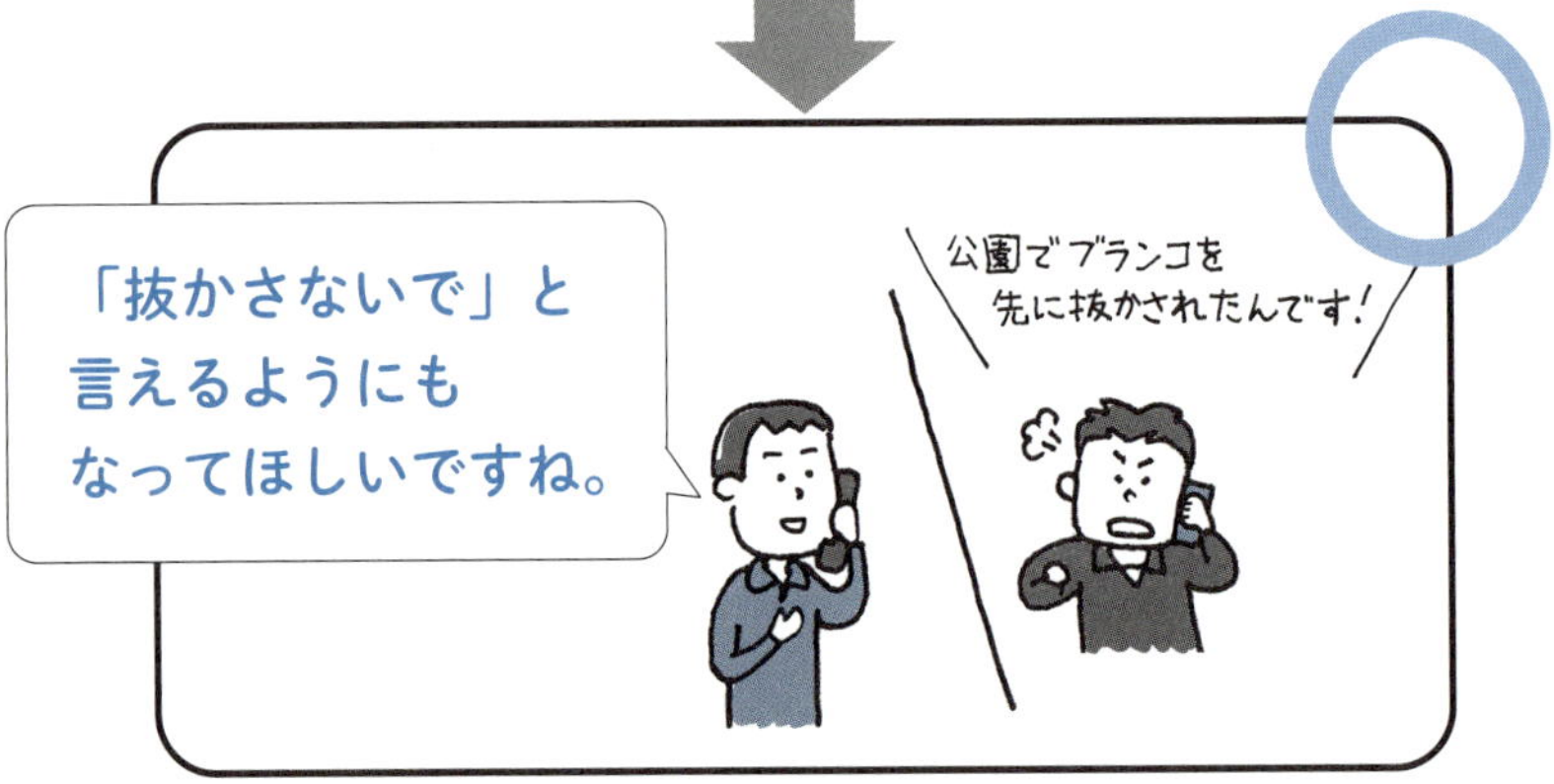
公園でブランコを
先に抜かされたんです！
「抜かさないで」と
言えるようにも
なってほしいですね。

課題点を指摘する

学校外の問題を、学校にもち込まれることがあります。たとえば、次のような連絡が学校に入ったとします。

「昨日、学校から帰ってきて、クラスの○○ちゃんと遊んでいたときに、ブランコの順番を抜かされていたんです。うちの子どもはきちんとしているのに、学校でも注意してもらえませんか？」

小さなことでも先回りしてやってあげるような、過保護の保護者からよく見られるクレームです。

抜かしてしまう子どもは問題なのですが、それに対して指摘できずにいる子どももまた問題なのです。双方ともに育てられるようにしていくことを伝えていきます。

「お母さんのおっしゃっていることはよくわかります。学校でも、順番を守るなど、ルールを守ることの大切さを伝えているつもりなのですが、なかなか行動にまでつながらないようです。順番を守れるようにすることと、もし抜かされてしまった場合には、『順番を守ってね』と言えるように、学校では取り組んでいきますので、お家でもよろしくお願いします」

相手の子どものことについて触れつつ、その保護者の子どもについても、教育していくことを伝えましょう。嫌味にならないように、あくまでも柔らかな口調で伝えることが大切です。

「子育てしたこともないくせに」と罵倒されたとき

保護者の真意を考える

保護者に対して、子どもの教育について話しているとき、若い独身の教師は聞き入れてもらえないことがあります。「先生は、子育てをしたことがないからわからないでしょうね」「子育ての苦労も知らないくせに、よくそんなことが言えますね」などと言われてしまうのです。

教師の側からすれば、大変な罵倒です。聞くとつらく感じてしまう教師もいることでしょう。

しかし、ここでは親の真意に思いを馳せることが重要です。

親の側は何を訴えたいのか。教師が憎くてたまらないのではなくて、「気持ちをわかってもらえなくてつらい」のです。だから、そこでのコミュニケーションの問題点は、教師の共感のなさにあるのです。まずは保護者の気持ちに寄り添えていないことを謝罪しましょう。

「たしかに、私は子育てをしたことがありません。お母さん（お父さん）の気持ちをよく理解することができず、この点については申し訳ない気持ちです」

そうは伝えつつも、教師としてのプライドは失わずにいましょう。そもそも教師は「子育て相談員」ではありません。学校教育において、何十人もの子どもを育てています。

数年も教員を経験していれば、百人単位の子どもと接することになります。

「わが子」は育てていないかもしれませんが、学校教育で多くの子どもたちを育てているのです。この点についてのプライドは、忘れず心に留めておきましょう。

高飛車な対応をされるとき

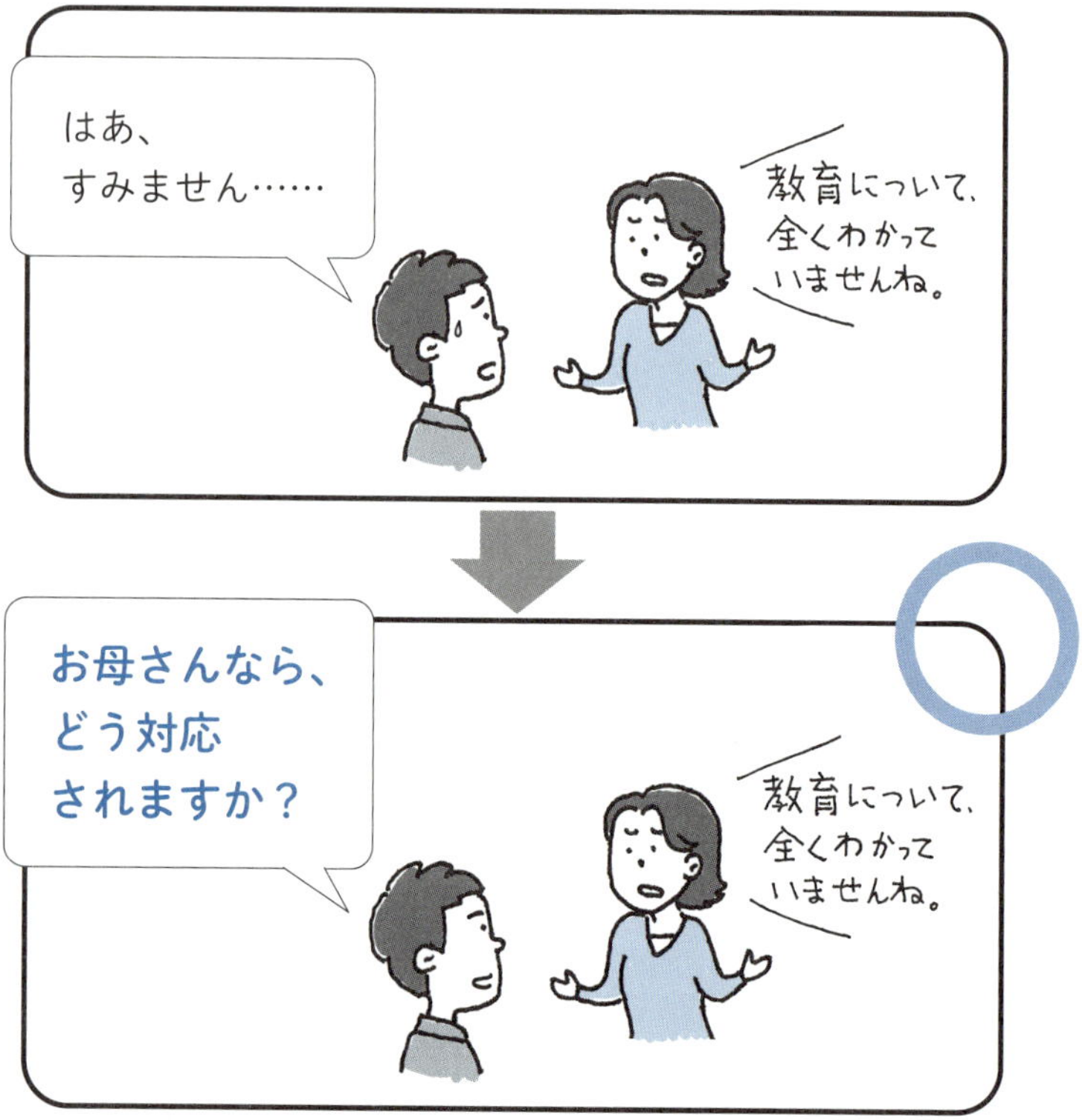

保護者の懐に入り込む

「同業者がクレームをつけてくる」というのは、一見すれば不思議なものですが、よく聞く話です。特に若手の教師が担任をするとき、教育関係の保護者がクレームを入れてくることがあります。

同業者は、手の内がわかっているために、余計にやりにくいものです。クレームを遠ざけようとして反発すると、むしろ「どうして、わからないんだ！」と怒ってくることもあります。

そんなときには、遠ざけるのではなくて、むしろ相手の懐に入り込むのが有効な手段です。自分が下の立場になって、教えを乞う態度を見せてみましょう。

「○○さんは、教室でたくさん発表ができています。おうちで、どのような教育をされているのですか？」

「○○さんの、譲り合いの精神がすごいです。昔から、そういうことを教えているのですか？」

「学級では、○○に困っていて。お母さん（お父さん）なら、どういう指導をされますか？」

このようにして、雑談交じりに保護者に質問をしてみます。保護者を「師匠である」というくらいに考えてもよいかもしれません。そうすれば、多少の批判は気にならなくなります。

自らの懐に飛び込んでくる教師に対して、高飛車なタイプの保護者は嫌な顔をしません。むしろ、自分の考えをたくさん聞いてもらえることに満足して、心を開くようになってくれます。

脅しつけてくるとき

上司に仲裁してもらう

「おまえのクビなんか、いつでも切れるんだぞ！」などと、職員室に怒鳴りこんでくる保護者がいます。権威や力でねじ伏せようとするやり方です。特に父親に多く見られます。

この場合では、母親から「文句を言ってきて」というように頼まれている場合があります。だから、強く言えれば強く言えるほど、父親としての威厳が保てることになります。

やっかいなことに、子どもを連れてきて怒鳴りつけることもあります。つまり、「親が教師を屈服させている姿を子どもに見せたい」ということです。ここで担任が折れる姿を見せれば、親の威厳が保てると考えているのです。ただ、その姿を子どもが見てしまえば、学校生活では教師に対してつけあがることになります。何かあれば「親に言いつけるぞ」と考える子どもになります。そうなると、教師の指導力は低迷し、学級崩壊の一途を辿ることになります。

このような場合、担任が直接対応しても、あまり効果はありません。保護者にとっては、担任を言い負かすのが目的と化しているからです。学年主任や管理職が、毅然とした対応ができるかどうかにかかっています。「担任に指導いたします」などと受け入れるのは禁物です。

何より大切なのは、子どもの問題を中心に据えることです。「担任のこともありますが、まずはお子さんの学校生活を取り戻せるように話し合いましょう」というようにして、話し合いの軸がぶれないように働きかけていきます。

暴力的な手段に訴えてくるとき

毅然として対応する

暴力的傾向をもつ保護者がいます。そのような保護者は、数で圧倒しようとする場合があり、叔父や職場の人など、関係ないような人まで呼んでしまうことがあります。

まずは、関係ない人物は、話し合いには参加できないようにします。そのうえで、できるならば、相手の数プラス1人くらいの数で対応することが望ましいでしょう。

保護者の威圧的・挑発的な発言や行動は、時にはエスカレートしていきます。

怒声、罵声、机を叩くなどの行為があります。

念書の提出や、金銭関係の要求も考えられます。

このとき、軽々しく「やってみます」「対処します」というように期待をもたせてしまうと、余計に尾を引く場合があります。毅然とした対応を心がけましょう。

怒声や罵声が続いた場合は、注意勧告をします。「それはいけません」「これ以上器物損壊されるようであれば、110番通報します」などと伝えます。それでも聞き入れられず、実際に暴力をふるったり、物が壊れるような器物破損があった場合には、110番通報をします。

ただし、訴えていることの本質を聞き取らないうちから、拒否の行動を取るのは避けたいところです。「学校としては、できることはやりたいと思う。しかし、話し合いができないならば、それは不可能である」という文脈になるようにしましょう。

保護者同士がもめているとき

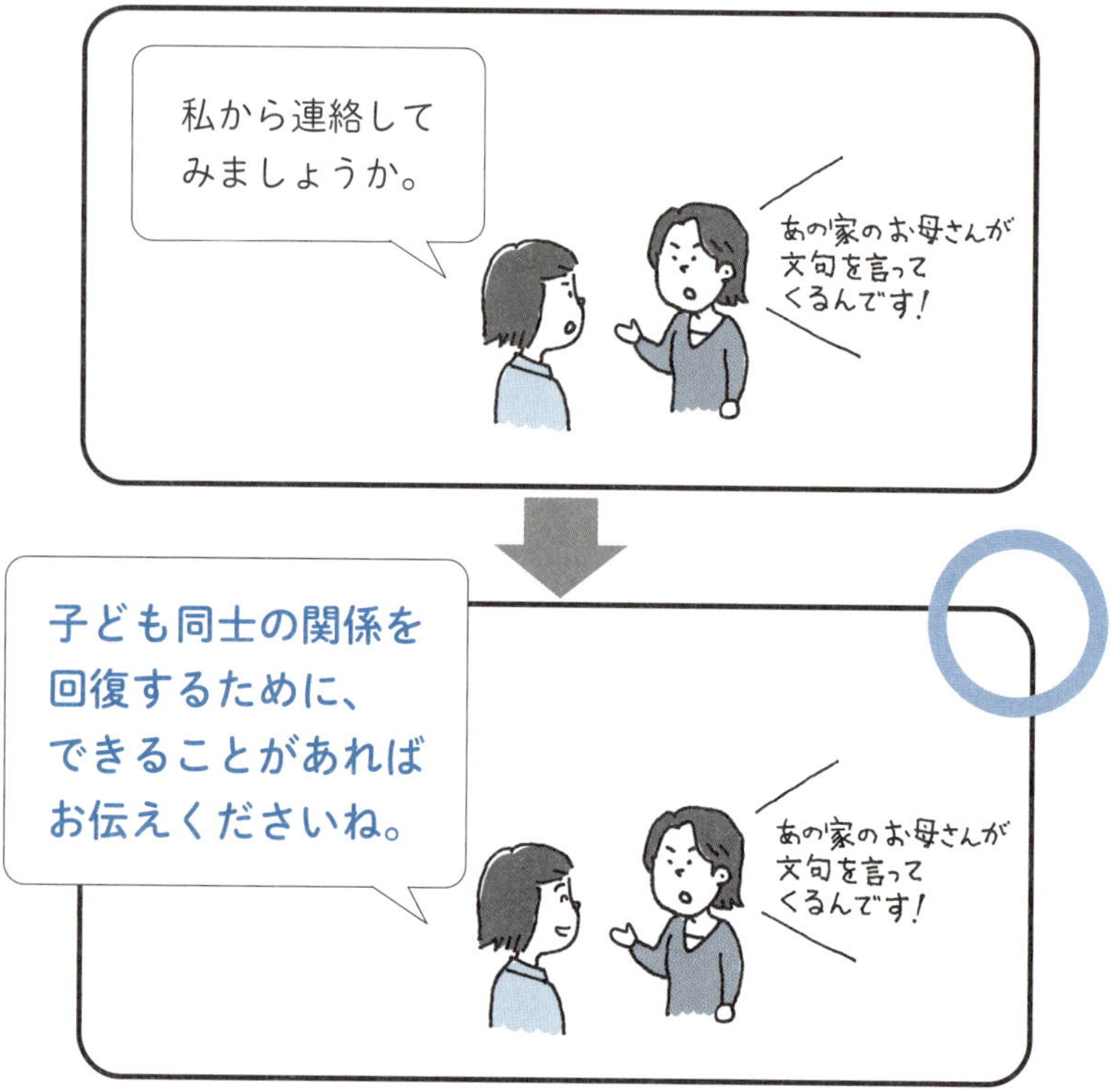

保護者同士の問題には深入りしない

保護者から、保護者同士のトラブルについての相談が入ることがあります。「あそこの一家が、休みの日にうちの敷地内に入って来て遊んでいた。前からあの家は、言うことを聞いてくれなくて困っている」などというように、学校とは関係のない話を相談されることがあります。

まず、保護者同士のトラブルについては、「深く関わらない」ということが原則です。学校は子どもを育てる場所であり、保護者の世話をする場所ではないからです。地域のトラブルは、業務外なのです。

下手に首を突っ込んでしまうと、「先生はどちらの味方なのか」というように、逆に責められることもあり得ます。

ただし、そのことによって子ども同士の関係にも影響するようであれば問題です。もしも、どうしても話し合いたいなどの申し出があれば、教室を貸し出すことは検討しましょう。

その際、担任教師だけではなくて、学年主任や管理職も同席するようにして、教師としての意見はできる限り挟まないようにします。

保護者の申し出があれば、何でもやってあげたくなる気持ちはわからなくもないですが、勝手な判断は後のトラブルにつながります。必ず管理職の判断を仰ぎながら対処しましょう。

原因が「悪い友達」にあると考えているとき

本人の意思を尊重する

「子ども同士で、夜遊びをしている。うちの子どもは、本当は行きたくないのに、○○さんに無理矢理連れ出されてしまって困る。○○さんを指導してほしい」と保護者から伝えられたとします。しかし、子ども同士の関係に介入して、「悪い誘いをしないように」と指導するのはナンセンスです。ともすれば、子ども同士の関係にヒビが入り、いじめ問題などにも発展しかねません。また、本人と保護者の認識にズレがある可能性もあります。実は本人が、悪い遊びに興味があって、楽しんでしまっているような場合がある。親には適当に言い訳をしているのですが、親がその言い訳を信じてしまっているのです。

そこで、まずはどのような心境なのか、子ども本人から話を聞き取るようにしましょう。話を聞き取って、関係について「続けたい」のか、「続けたくない」のかを確認します。

もしも続けたくないというのであれば、「誘われても断る勇気をもつこと」という指導が必要になります。自然な形で集団から離れる方法を薦めます。

一方で、関係を続けたいのであれば、悪い誘いは断れるように伝えていきます。この問題は、「誘いを断ることができない」ことに要因の1つがあるのです。ですから、本人に、どのようにすればうまく悪い誘いを断れるのかを考えさせるようにします。

友達関係については、保護者の意向というよりも、本人の意思を尊重しましょう。

保護者に発達障害の可能性があるとき

曖昧な表現を避け、具体的に伝える

発達障害は、小中学生に見られる問題として取り上げられることが多いものですが、「大人の発達障害」もまた社会問題化しています。特に、コミュニケーションを苦手とするＡＳＤ傾向の場合のようであれば、対応には理解と工夫が必要です。

ＡＳＤ傾向の場合であれば、微妙なニュアンスや曖昧さの理解に困難さがあることが多いです。だから、曖昧な表現で伝えたり、どちらにもとれるような伝え方をしたりすると、後からこじれてしまう可能性があります。

たとえば、「近々、ご連絡いたします」という伝え方では、曖昧であり、理解しづらいのです。「来週の火曜日の午後4時半に、私の方からご連絡差し上げます」というようにして、できるだけ具体的に伝えるようにします。

思いやこだわりが強い場合には、感情的になったり、話がこじれたりする場合もあります。昔の担任の話を何度も繰り返して訴えられることもあります。

そのときには、管理職や学年主任など、第三者の立場で関わる教員が立ち会うようにします。

話がこじれると、心の扉を閉ざしてしまい、二度と開こうとしないことも考えられます。

保護者の考えをしっかりと聞き取り、何を求めているかを把握しましょう。

子どもに痣が見られるとき

やっていません
子どもは、
「お母さんから
叩かれた」
と言っていますが。

……少しカッと
なってしまって
お子さんに痣が
ありましたが、
おうちで何か
ありましたか？

教師の気づきとして
質問する

痣などの外傷が見られるようであれば、保護者による虐待の疑いがあります。傷がある場合は養護教諭に手当をしてもらいます。「お母さんに蹴られた」などと言うのであれば、まずは本人から状況を聞き取ります。聞き取りは、ほかの子どもに話が聞こえない場所を選び、誘導尋問にならないようにします。子どもの応えを根気強く待つようにして聞きましょう。

その後、管理職や生活指導部に報告し、保護者にも確認の連絡をします。「子ども本人から聞いた」ということは、虐待の悪化のおそれがあるため、言ってはなりません。あくまでも「教師が気づいた」「教師が心配している」という文脈で質問をしていきます。保護者を非難するのではなく、心配している気持ちで話しましょう。主観を入れず、「日時」「事実」「保護者に対して話したこと」「保護者の言動」を記録します。「親と子どもの説明がちがう」「尋ねるたびに説明が異なる」というのも有力な情報となるため、そのまま児童相談所へ伝えます。把握した内容を管理職に報告し、管理職の判断により児童相談所等へ通告します。

児童虐待防止法があり、学校は虐待の疑いがあれば通告することが義務づけられています。「この程度は、しつけの範疇といえるだろう」などと学校が単独で判断すると、対応の遅れにつながってしまいます。**虐待かどうかを判断するのは、学校ではなくて、児童相談所なのです。**

子どもの命を預かっている自覚をもち、適切に判断し、行動しましょう。

おわりに

もっともよい保護者対応とは何か。それは、子どもを伸ばすことです。

「子どもが成長している。先生は、子どものために努力してくれているのだ」とわかれば、自ずと保護者は教師や学校に協力的になってくれます。

反対に、子どもを伸ばせなければ、協力しようと考えてもらえません。

やはり、教師の仕事の本分は、子どもを教育することです。

教師はまず、子どもの成長に目を向けるべきです。

時には、保護者の理不尽なクレームに頭を抱えることでしょう。

「どうすれば理解してもらえるのか」を考えることは重要です。

ただし、「どうすれば保護者の考え方を変えられるか」という点にまで踏み込むべきではないと、私は考えています。

なぜなら、今の保護者の教育については、前の世代の教師の責任だからです。

教師にできることは、今受けもっている子どもたちが大人になったときに、誠実な保護者になるように、しっかりと育てていくことです。

そう考えてみれば、私たちは未来の保護者を育てているともいえますね。

林業家が50年後の杉の木を植えるように、私たちは数十年後の保護者を育てているのです。

保護者と教師の関係は、仲間です。よりよい教育や支援ができるように、協力して臨まねばなりません。そこで用いる言葉には、十分な配慮が必要です。

よき協力者として、ともに手を取り合えるように、本書の内容を参考にしていただけると幸いです。

なお、本書の保護者のイラストについては、父親と母親に二等分して描いています。

現状の保護者対応は、その大部分が母親に対するものであると思います。

個人的には、これからの学校教育には、父親側も平等に育児に関わってほしいという願いがあります。

それゆえ、父親と母親両方を同じ分だけ描く形式をとっています。ご了承ください。

〈参考文献〉

・長谷川かほる『教育技術ＭＯＯＫ　保護者対応12か月』小学館（２００８）
・城ヶ﨑滋雄『保護者と「ぶつからない」「味方をつくる」対応術！』学陽書房（２０１６）
・中嶋郁雄『そのクレーム、うまい教師はこう返す！』学陽書房（２０１０）
・嶋﨑政男『学校崩壊と理不尽クレーム』集英社（２００８）
・美谷島正義編『中学校担任がしなければならない保護者対応の仕事12か月』明治図書（２０１１）
・杉田洋・橋谷由紀編『小学校担任がしなければならない保護者対応の仕事12か月』明治図書（２０１１）
・藤本浩行『はじめての学級担任２　信頼を勝ち取る「保護者対応」』明治図書（２０１２）
・多賀一郎・大野睦仁編『ＴＨＥ保護者対応～小学校編～』明治図書（２０１５）
・水野治久・諸富祥彦編『教師のための問題対応フローチャート　不登校・授業・問題行動・虐待・保護者対応のチェックポイント』図書文化社（２０１３）

プロフィール

三好真史

1986年大阪府生まれ。堺市立小学校教師。

京都大学大学院教育学研究科修士課程修了。

教育サークル『ふくえくぼの会』代表。メンタル心理カウンセラー。

著書に『教師の言葉かけ大全』『授業づくりの言いかえ図鑑』『学級指導の言いかえ図鑑』（東洋館出版社）など。

保護者対応の言いかえ図鑑

2025（令和7）年2月1日　初版第1刷発行

著　　者：三好真史

発 行 者：錦織圭之介

発 行 所：株式会社 東洋館出版社

〒101-0054　東京都千代田区神田錦町 2-9-1
コンフォール安田ビル2階

代表　TEL：03-6778-4343　FAX：03-5281-8091

営業部　TEL：03-6778-7278　FAX：03-5281-8092

振替　00180-7-96823

URL　https://www.toyokan.co.jp

［装　丁］：原田恵都子（Harada+Harada）

［イラスト］：パント大吉

［組　版］：株式会社ダイヤモンド・グラフィック社

［印刷・製本］：株式会社ダイヤモンド・グラフィック社

ISBN978-4-491-05632-6　Printed in Japan